生活勵志
049

拉自己一把，這是你的人生。

擺脫軟弱猶豫的昨天，活出夢想的未來

暢銷心靈作家 何權峰 —— 著

高寶書版集團

〈自序〉

拉自己一把，這是你的人生

何權峰

常有讀者寫信給我，述說自己的煩惱。有些人說：「我的個性不好，要怎麼改善？」有些人多年來一直陷溺在心靈的黑暗深處：自卑、害羞、恐懼、孤寂、憤恨、沮喪、任人左右……，還有些人面對人生挫敗、生活中或人際關係上的種種問題，無所適從。

其實，這些問題都源自一個關鍵：內心不夠強大。

害羞，是因為我們自覺卑微渺小；

恐懼，是因為我們想避免不愉快的經驗；

憤恨，是因為我們沒看到自己的價值；
孤寂，是因為我們怕面對脆弱的自己；
沮喪，是因為我們被自己打敗。

《老子》第三十三章說：「勝人者有力，自勝者強。」這句話的重點在於「自勝者強」。因為力量是相對的，你有智力、財力、權力、體力、武力，你能勝過別人，然而一旦出現更強、更有力的人，勝就轉為敗。

至於自己的弱點，諸如暴躁、懦弱、欲望、自憐、沒耐心等，如果能痛下決心，加以克服，就再沒有任何人事物能影響你，這才是強者的表現。

一個真正的強者不是把煩擾我們的人打敗，而是打敗自己的煩惱；

內心煩惱才是我們真正的敵人。比如說，有人對我們不好，我們會憤怒，這怒氣越來越強，強到最後自己完全失控。我們要注意，這種「憤怒心」才是真正的敵人，這敵人從早到晚、從生到死都在干擾我們。

我們與人相處，或在生活中遇到的問題也一樣，都是內在的問題而不是外在。

所以，改變必須從內心開始。

印度聖雄甘地完全了解這一點，他說：

「我只有三個敵人。我最喜歡的敵人是容易受影響而改善的大英帝國。

第二個敵人是印度子民，他們甚難改變。

但最難對付的對手是名叫甘地的人，對於他，我似乎只有非常微小的影響力。」

人一生中最大的與最艱苦的戰爭，都是與自己戰鬥。古往今來，有多少英雄豪傑能戰勝對手，卻不能戰勝自己的種種弱點而最終毀敗在自己手裡。

在電影《王牌天神》中，每個人都希望得到上帝的幫助，卻沒意識到真正的力量就在自己心中。是的，你不勇敢，沒人替你堅強。

拉自己一把，這是你的人生。

PART 1

打開心門面對致命的弱點

目錄

PART 2

真正的力量在軟弱裡找到

PART 3

力量一直存在你心中

目錄

PART 4

現在就要有所不同

PART 1

打開心門面對致命的弱點

只要將一片葉子放在眼前，
它就會把整個世界遮蔽。
當你太專注在一個念頭，
這個念頭就變成你的世界；
太執著於某個人、某件事，
你就受制於那個人、那件事；
當你一直死守著一口井，
那你能看到的世界，
就只剩一口井的天空而已。

〈你當自己是老鼠，貓就成了獅子〉

對大多數人而言，「害羞」真是一個糟透了的經驗！因為它常常令人「演出失常」。尤其在面對權威人士或接觸異性的時候，譬如，學生面對老師；部屬面對老闆；影迷面對仰慕的明星等等。常會不自覺臉紅心跳，肢體僵硬，講話語無倫次……

記得第一次獲邀參加報社舉辦的座談會，當我拿到主辦單位的來賓名單時，先是感到興奮莫名，接著又覺得有點恐懼。因為，其中一個人是我心目中的偶像。我該怎麼做？該說些什麼話？他會不會認同我？

而當我們終於碰面時，我在他面前卻顯得十分笨拙。每次輪到我發表意見，就覺得很難為情，擔心說的話是否得體？他有沒有注意到我的一舉一動？那次經驗讓我覺得很挫敗。

我的挫敗並不是他帶給我的，事實上他跟我在電視上看到的一樣風趣開朗。這種不自在的感覺，是因為我過分強調他的智慧、權威和力量所得到的反作用，是我崇拜偶像心態所造成。

因此，當你和某人在一起時，去了解你心中在想什麼是很重要的。為什麼你在他面前會害羞？會緊張不安？為什麼你會覺得自己矮人一截？

想想看，是不是你先矮化自己？是不是你只看到自己的缺點，忘了自己的優點？是不是你太仰望別人頭上的光環，卻忽視自己的亮光？

只有重視自己的人，別人才會真正尊重我們

法國電影明星洛依德有一次開著跑車進入檢修站，接待他的是一名女工。女工熟練的技巧和美貌一下子吸引了洛依德。唯一讓他不太滿意的是整個巴黎都知道他，而眼前這位女孩卻沒有露出絲毫的驚訝和興奮。

「妳喜歡看電影嗎？」洛依德試探地問她。

「當然喜歡，我是個影迷。」女工手腳俐落，很快檢修完畢。

「好了，您可以開走了，先生。」女工說道。

洛依德卻依依不捨地說：「小姐，妳可以陪我去兜兜風嗎？」

「不！我還有工作。」對方居然拒絕了他。

洛依德還是不死心，他又問女工：「既然妳喜歡看電影，那妳知道我是誰嗎？」

「當然知道，您一來我就認出您是當代影帝阿列克斯・洛依德。」

女工平靜地回答。

「既然如此，妳為何對我這麼冷淡？」洛依德不解地問。

「不！您錯了，我沒有冷淡，只是沒有像別的女孩子那樣狂熱。您有您的成就，我有我的工作。您來修車是我的顧客，如果您不是明星來修車，我也會一樣接待您。人與人之間不應該是這樣嗎？」

女工的一番話使洛依德受到極大的震撼，因為他平常都被人捧得高高的，而這女工卻讓他看見自己的膚淺和平庸。

大人物之所以高大，是因為我們自己跪著看他們。你當自己是老鼠，貓就成了獅子。

引述《愛因斯坦語錄》中的話：「要尊重每一個人，但不要把任何人當偶像來崇拜。」沒錯，只有重視自己的人，別人才會真正尊重他。

什麼時候你會覺得不自在？

當你用別人的眼光看自己的時候。你怕自己不被接受，怕自己不被喜歡。你想討好別人，你很在意自己的表現，你擔心別人怎麼看、怎麼說，你就會覺得不自在。

要怎樣才能變得自在？

當你不在意別人的眼光。當你不擔心別人的評價，當你對人無所求，當你不在意別人的看法，當你把別人都當作不存在，你就自由自在。

〈內心的坑洞〉

經常，我們會為了別人無禮的態度、不善的眼神和表情，甚至一句不中聽的話而心浮氣躁。這是因為我們都「太敏感」，總認為別人的話是針對自己，總以為每件事都與自己有關。

有位丈夫下班後向妻子訴苦：「現代人真是敏感得可怕，你隨便說點什麼，他們都以為是在說自己。」

妻子警覺道：「你這是在指我嗎？」

生活中這種事情到處都在發生，有人用力把房門關上，而你坐在裡面，就認為那人是給你難堪；某人踩到你的腳，你的火氣馬上就上來；

有人說話冷嘲熱諷，你立刻覺得受傷；你隨時準備要跟每一個人抗爭。

敵意程度，決定於我們的自卑程度

人們可以為一點小事爭得面紅耳赤，即使爭辯的事情根本微不足道，但他們會花精力去爭，因為大部分人都深信：「當別人打擊我、阻礙我時，就必須反擊回去、報復回去，才能嚥得下這口氣，否則便是懦弱無能的人。」

其實這個意念的源頭無他，即是「自卑」！是我們無法肯定自己，怕別人看輕，以為我們好欺負，因而急於表張自我。越自卑的人，自尊心越強；自尊越強，敵意就越容易被激起。

有一天，小惠買了一雙新的鞋子，在辦公室裡試穿；剛好同事小吳經過，揶揄地說道：「咦！怎麼地上有一雙『唐老鴨的大腳丫』啊？」

小惠聽了，很不是滋味，馬上回他一句：「這有什麼了不起？我還看到一個『豬八戒的肥腦袋』剛好安在你脖子上呢！」

人覺得自己有多軟弱，就會表現出多少攻擊性。如同許多野生動物，蜜蜂用刺螫、蛇噴出毒液、豪豬射出鋼毛，以及學校裡和職場上的霸凌，都是基於這個邏輯。

當你感覺不錯，看起來也不錯

人們常問：「事情有這麼嚴重嗎？」或許事情本身並沒有這麼嚴重，但自我一旦加入自尊，戰火就很容易燃起。我們的敵意程度，決定於我們當時的自卑程度。

你觀察過嗎？當你有一番成就時，你是多麼和藹可親、大而化之；而當挫折失敗時，你又變得多麼易怒、吹毛求疵。當你失意、自尊降低，即便是一個眼神、一句不中聽的話，都無法忍受。

心理及物理學家阿瑪斯在他的著作《鑽石途徑》裡說到：如果人失去自我價值，就會留下一個洞。這個洞可能被經驗成自卑或低自尊，這種感覺常被自大的防衛機制所掩蓋。但自大並不是真實的感覺，而是一種企圖藏匿什麼的虛假感受。當某人說的話或做的事使你感到自卑時，你心中升起的憤怒也是一種虛假的感覺。這些虛假的感覺之所以會冒出來，是因為你沒有意識到自己真正的價值。它們只是一種補償作用。它們顯得很真實，是因為你確實能感受到它們；它們不真實，是因為你失去了真實的東西之後，它們才會出現。這之間的差異很重要。假設你無法意識到你真正的感覺，別的東西，例如情緒，就會取而代之。

簡言之，人們之所以「情緒化」，是因為內心有許多坑洞，就像布滿傷口一樣，才會如此敏感，只要稍微觸碰就雞飛狗跳。你要先看到自己的價值，才能克服敵意的真正來源：自卑。自卑克服了多少，敵意也相對減低多少。

俄國哲學家車爾尼雪夫斯基說：「無能者的唯一安慰就是惱火。」一個越軟弱的人，個性越強，脾氣就越大。

你表現出的情緒、脾氣就是所謂的個性。一個真正有力量的人沒有個性，他也不需要有。只有軟弱的人才有個性，個性是一個甲冑。

你的外表是一回事，你的內心又是另一回事，就像柔軟的動物都需要堅硬的殼，我們拚命塑造一個強悍的假象，好掩飾自己的軟弱。

〈往內心看，憤怒從哪裡引發〉

路上你遇到一隻狗，牠向你吠叫，你會有什麼反應？恐懼、驚嚇、憤怒、理都不理，還是走過去踢牠一腳？如果有人問你：「為什麼會有這種反應？」通常你會認為，是因為那隻狗對你吠叫，但如果進一步了解，你就會發現，那其實是來自你，因為其他人未必跟你有一樣的反應。

每當別人對你做了什麼，比方說了些不中聽的話，你會認為錯的是對方，你氣著說：「是他惹惱我，我才會生氣。」事實上這種說法不對；正確的說法是：「我覺得生氣，他或許並不想惹惱我，但我被他說的話惹惱了。」你的感受是主觀的。

假設有人對你說：「你很精明。」如果你剛好希望自己能精明一點，你就會覺得很棒，覺得受到了讚賞而高興。但如果你討厭精明的人，或不喜歡自己被認為精明，那你就會覺得那人是在貶損你而不高興。

事實上，那個不愉快並非來自對方，而是來自你的解釋。然而，我們總認為自己的情緒是受外在環境所支配，所以也很容易以為引發情緒的是別人。這都是因為我們對自己內在沒有覺知的緣故。

人的言行是自我內在感知的外在展現

我們常聽別人說：「今天心情不好，讀不下書。」、「昨天心情很好，所以做了不少事。」可見人的言行是自我內在感知的外在展現。

你注意到了嗎？當你心情好的時候，會以最輕鬆有趣的態度看事情，對人生抱著感激，也會欣賞身邊的人，不會輕易動怒。但當你情緒低落時，對人生的看法便恰好相反。看什麼事情都覺得嚴重困難，愛鑽牛角尖，一點小小問題便大感挫折，對別人的態度也變得很敏感。

大多數人都以習慣的方式宣洩情緒，而不去審視自己的內心。你必須去看你的內在。當憤怒來臨時，閉起你的眼睛，往內心看，看看憤怒從哪裡引發。

那個憤怒可能來自你的想法，你可以問：「現在我心裡在想什麼？」如果你想的是一些惱人的事也就不足為奇了，想轉換情緒你要做的就是轉換想法。

每當情緒產生時，深入去看你的內在。「為什麼我會有那些反應？」也許是來自你過去的情緒，而不是現在。你應該反過來問自己：

「究竟以前曾在『何時』、『何處』、『與誰』有過類似的感覺？」就像被狗咬過的人會對狗特別敏感。如果你能找到，也就找到了情緒的源頭。

責怪別人就像責怪病毒引發感冒一樣

有時，我們就是無法與某些人相處，而且一口咬定是對方的錯，覺得問題是出在男女朋友、老闆或同事、同學身上。但你是否想過，可能你才是問題所在？是否是你太主觀、太敏感了呢？

責怪別人就像責怪病毒引發感冒一樣。醫生告訴你，感冒是因為抵抗力降低，但我們不可能把自己隔離起來，不接觸使人惱怒的話語、態度和行為，正如我們躲不開病菌一樣，然而，我們可以增強自己的抵抗力和自制力。

力量來自你知道自己擁有選擇的自由。你可以用負面的方式，或以慈悲寬容的方式去反應；別人對你的反應，也是由他們的內在心念決定的。

記住，別人不是情緒的源頭，源頭是你。當你不再隨人左右，就能成為自己情緒的主人。

假如有一個瘋子，在街頭對你大聲叫罵：「你是瘋子！」你會如何反應？你會覺得受到打擊或加以反擊嗎？不，你根本不會理他，因為你知道他是瘋子。

如果有隻狗對你狂吠，你會氣得火冒三丈嗎？當然不會，因為你知道狗就是這樣，牠要吠就讓牠去吠。你不在意，牠的吠叫就不可能激怒你。

但同樣的情形，如果換成其他人，為什麼你會覺得受到冒犯？你會反擊、會去對抗？

「情緒」本身並無對錯，只是表示每個人對事情的反應。然而，每個人必須弄清楚自己「為什麼會有這樣的反應」，才不會把不好的情緒轉嫁給別人，或是跟著別人的情緒走。

〔不必把別人的每句話都當真〕

人都很「自我」。

開車時咒罵行人，走路時則咒罵駕駛；

常罵兒女沒大沒小，但被別人誤會母女是姊妹，卻樂不可支；

遇到不幸的事就怨天不公，時來運轉又說老天有眼……

每個人都是以自己的利害、喜好與偏見來看事情。

公車上，有兩個女人在聊天。一聊到自己的家和鄰居，總有說不完的話題。其中一位太太眉飛色舞地說道：

「我們家隔壁那個張太太真不像話，整天找他老公麻煩，連家裡的小事也常大聲叫罵，害我們聽了都不好意思！老實說，娶到這種『潑婦罵街』型的女人，有時我還真同情她老公。」

這位太太越講越高興，繼續說道：「我就從來不罵我老公。雖然我老公每天好吃懶做，不務正業，我真是前輩子做了孽，才會嫁給這種沒出息的爛人！可是，妳知道嗎？我從來沒罵過他一句！」

同樣的對待，卻說別人對我不夠好，說自己對別人已經不錯；同樣無所事事，卻說別人混，說自己難得清閒；同樣沒能把事情做好，卻說別人沒有盡心，說自己問心無愧；同樣的錢，別人花掉是沒良心，交給自己卻變有道德心。這就是人性。

每個人最關心的都是自己

有個小店，一個顧客剛剛離開，店主的兒子發現顧客忘記帶走找給他的錢，便問爸爸說：「該怎麼辦？」

爸爸說：「這就看你有沒有良心。有良心的話，就把鈔票給爸爸；沒良心的話，就自己拿去花掉。」

所以我常說，不要把別人的話和他們對你的評論放在心上。因為每個人最關心的都是自己，不管別人說什麼，與你都沒有直接關係，而是與他們自己有關。他們的話顯示他們從什麼角度看待這個世界。

舉例來說，某人阻礙了別人，使其無法得到想要的東西，所以這個不能如願的人便認為某人真壞而心懷厭惡。這種看法其實不是根據人品考量，純粹是因為某人使他不能如願。

我們常聽別人說某人好、某人壞，往往也是以自我為出發。有一次，武則天問他的姪兒武三思說：「怎麼樣的人才算好人或壞人？」武三思回答說：「我不知道哪些是好人，哪些是壞人，但對我好的就是好人，待我不好的就是壞人。」

真是一語道破。說我好的就是好人，說我壞的就是壞人；聽我的就是好，得罪我的就是壞；對我有利的就是好，對我不利的就是壞。別人對你的好惡也一樣，不是依據你的做為，而是他的感覺。

何必活在別人嘴裡？

政治家班傑明・富蘭克林常對人說起童年的一段往事：

有天清晨，我家門口來了一個男人，肩上扛著一把大斧。他見到我，便和氣地說：「你好啊，小夥子，請問你家有磨刀石嗎？」

「有啊，先生。」我據實回答他。

「你真是個好孩子，」他又說：「我可以借用你家的磨刀石磨斧頭嗎？」

「當然可以呀！」聽他這麼客氣，我爽快地就答應了。

他摸摸我的頭，又問：「你多大了？叫什麼名字？我知道你一定是個好孩子！你能幫我磨斧頭嗎？」聽了他的奉承話，我高興極了，所以磨得十分賣力。直到手磨酸了，上學的時間也快到了，但斧頭卻只磨好一半。

不料等到斧頭終於磨好了，這個男人卻突然粗暴地對我說：「喂，你這個懶骨頭，難道想逃學嗎？還不快跑！」當時我氣炸了！我為他做了一早上的苦力，得到的回報竟是挨他一頓罵。

這件事我一直忘不了，直到現在，當我聽到別人的恭維，就會想起當年那個扛斧頭的男人，想起他那番奉承。

要記住，我們所相處的對象，並不是絕對理性的，他們可能非常情緒化、偏見、自私、自以為是，甚至喜歡吹毛求疵、鑽牛角尖。當你了解人性，就會明白，不必把別人的每句話都當真。

我們常忘了，自己心目中的「我」，在別人心目中只是一個「別人」。每個人最關心的都是自己，就算有人對你說了什麼，也是以他們的利害、喜好與偏見來看。

如果他們並不了解你，卻給你貼上標籤，那是他們的偏見，你為什麼要因為別人的錯誤而否定自己？

你不能讓自己的價值，由別人對待你的態度和方式決定。嘴巴是別人的，人生是自己的，何必活在別人嘴裡？

〔你是在依賴那個人〕

一段關係之所以破裂，最大的癥結往往在於其中一方認為自己的快樂是另一方的責任。多數人對愛都有這樣的迷思：「我想要快樂。當你這麼做，我就會快樂。因此，我的快樂全靠你的表現了。」而當對方做不到時，怨恨與摩擦也於焉產生。

聽聽伴侶吵架時說的話，他們說：「你沒有滿足我的需求，沒有讓我好過，沒有給我幸福。你從不帶我出國旅遊或送花給我，不和我談心，你真讓我失望。」我們會對朋友生氣，也是相同的道理，因為你對他們有所期望，當這分期望得不到滿足時，你就失望了。

你很氣他們，也把自己難過的情緒歸咎於他們。對方要是肯改，你就會好受一些，問題是他們不想改，所以你的心情也好不起來。這意味著什麼？在內心深處，你是在依賴那個人，對嗎？

依賴別人，讓自己失去原本的快樂

我們越軟弱就越依賴，越依賴就越難快樂，因為你的感受是由別人掌控，你等於是在「求人」，你把自己交給了別人，就像一株被養在盆子裡的花，每天都等待有人來澆水。若主人忘了，就奄奄一息，這樣當然很難快樂。

我有位同事常開玩笑說：「依賴別人還不如依賴海洛因。只要貨源充足，它一定會讓你快樂。但如果依賴別人讓你快樂，到頭來一定會失望。」在別人身上尋找快樂是愚昧的，你怎麼能依賴一個同樣也在尋找快樂的人呢？

看看那些一味責怪別人沒有帶給自己快樂的人，他們的情況有改變嗎？不但沒變，往往還會讓自己失去原本的快樂。那就是為什麼當你情緒很差，又認為別人要為你的情緒負責時，就會耿耿於懷，而且再怎麼樣都有理由不高興。你之所以如此憤怒，是因為內心深處知道自己本應開心，卻不開心，就只好怪罪別人。

你在別人身上找原因：「為什麼他那麼差勁？」那個「為什麼」是指向對方的行為，這樣一來，你的快樂也就由對方決定。

為自己負責，拿回快樂自主權

想要活得快樂，就要為自己的快樂負責。

有位女性在經歷了一段不愉快的婚姻後，有感而發地說：「那段期間，我並沒有為自己負責，我一直期待先生給我快樂。現在我知道，也會自問：『有沒有什麼事，本來是我自己的責任，卻怪他沒有替我做？』」

她說得對，如果感情出了問題，卻只顧揭發對方的罪狀，這樣不僅於事無補，只不過強調錯不在我，而且充其量只證明自己是無能的受害者，並不能挽回婚姻。不斷指責不但無法讓人改過遷善，反而令人惱羞成怒。

真正有效的策略應該從本身能掌控的部分著手，也就是先檢討自己的缺失，反過來問自己：「我是怎麼走到這一步的呢？」

不要說：「為什麼你不對我好一點？」而要自問：「我做了什麼導致他這樣對我？」、「是他很糟糕，還是我沒有對自己盡責？」

如果你認為自己必須為所有的行為和心情負責，剛開始的時候會覺得沮喪，可一旦走過那個沮喪，你就會找回力量，因為現在你不必再求別人，你不是受害者，你已從別人手上拿回快樂的自主權。

快樂，靠自己成全。不要仰賴某個人讓你的人生好過些，你是唯一能使自己生命好過些的人。

你是不是對自己負責，有一個判斷的方法，就是看你是檢討對方，還是自己。

拿出一張紙，中間畫一條線，在左邊列出讓你不愉快的人或事，並以數字標號。

而右邊則以「我應為此負責，因為……」為開頭，去回答每一項問題。務必要坦白真誠，寫下每一個理由，說明為什麼你該負責，到底是怎麼回事。

這個練習完成之後，你會感到驚訝，心情竟變得那麼開朗積極，對別人的不滿也能釋懷。

〔跳之前，再往下想一點〕

有一天，一條蛇從井邊經過，發現井裡有很多青蛙，牠高興得不得了。

牠說：「哈！我的運氣真好。」說完後，牠就從井口滑了下去。從來沒有享受過這麼豐盛的一餐，牠痛快極了。

但等牠吃完了才發現，其實逃不掉的是自己。望著高高的井壁，牠後悔莫及。

人們常在發現小利或短利而急於爭取的同時，也破壞了自己獲得大利的機會，或是失去了長期的利益。

你願不願意忍一下以獲得更大的利益？

我們生活周遭被林林總總、形形色色的誘惑所圍繞：美食佳餚、名位、金錢、名牌、毒品、美色、網路與電玩……。有人被誘惑沖昏了頭，陷入泥沼難以自拔；有人卻不願向誘惑屈服。原因除了有堅定的意志力、過人的定力、屹立不搖的決心外，最重要的是，你願不願意忍一下以獲得更大的利益？你是否能在跳之前，往下想一點。

有句話說得好：「近視不必驚慌，該慌的是短視；遠視不必煩惱，該煩惱的是沒有遠見。」

愛打電玩的學生常覺得課業和父母嘮叨很煩，但如果再往下想一點，你因電玩影響課業，甚至影響前途和家庭關係，那不是更煩？

減肥中的人如果總是想著：「等我吃完這一頓再減也不遲。」如此一再「食言而肥」何時才能瘦？愛刷卡的人是否想過，老買一些奢侈品，會不會最後連必需品都買不起？有意出軌或介入的第三者也請想想，只因追求短暫甜蜜的感覺，卻得用很長的時間來撫平傷痛，造成夫妻失和、家庭破碎、玉石俱焚，這樣值得嗎？

一個人的品格決定在面對誘惑的瞬間

人不能只看眼前，不能只想著現在開心就好，凡事要倒過來想。

有個男子外遇東窗事發，因而與妻子離婚，雖然他已經和外遇對象一刀兩斷，也和妻子表達悔意，但一切都來不及了，為此他十分沮喪。

某天男子和好友相約聚餐。這個好友結婚十年，婚姻幸福美滿。看著好友如此幸福，男子不免感慨起來。

他詢問好友：「結婚十年，難道你都沒有倦怠的時候嗎？」

「有啊，而且常常這麼覺得。」好友回答。

「漫長的婚姻生活中，難道你都不曾嚮往失去已久的自由嗎？」他又問。

「有啊，難免會這麼想。」

「難道你婚後沒有遇過讓你怦然心動的女性，忍不住想與她有進一步接觸嗎？」

好友想了想，回答：「有啊，而且對象還不只一個。」

「怪不得有人說外遇是『全天下男人都會犯的錯』！」男子嘆了口氣說：「你跟我其實都一樣嘛！」

「不，我跟你不一樣！」朋友嚴肅地說：「我們之間最大的差別是，當我面臨誘惑的時候，會『再往下想一點』，而你不會。這也是為什麼我的婚姻成功，而你的婚姻失敗！」

男子聽了啞口無言。

真正的勇者不是沒經歷過誘惑，而是面對誘惑仍不為所動。一個人的品格決定在面對誘惑的瞬間。

有個猶太父親帶兒子去澡堂。當他們跳進池子中時，孩子凍得發抖，不由得大叫：「唉呀，爸爸，唉呀！」

父親於是將他抱出來，用毛巾擦乾他，給他穿上衣服。

「哇哈哈！」小傢伙愉快地叫著，身子暖洋洋地蜷縮在毛巾裡。

「孩子，」父親深思著說道：「你知道冷水浴與犯罪之間的距離嗎？

「當你跳進冷水池的時候，發出的第一個聲音是『唉呀！』接著才是『哇哈哈！』；但當你犯罪的時候，發出的第一個聲音是『哇哈哈！』接著才是『唉呀！』」

當有罪惡感時，才是痛苦的開始。一定要三思啊！

〈你有自我反省的「能力」嗎？〉

一個好的學生需要具備什麼條件？要有自我反省的能力。

一對好的夫妻需要具備什麼條件？要有自我反省的能力。

一個好的父母、好主管、好員工、好朋友、好孩子……需要具備什麼條件？沒錯，要有自我反省的能力。

如果你問我，我會很肯定地回答。因為人非聖人，就算是聖人，也會有犯錯的時候，唯有自我反省，才能不斷進步，越來越好。

人要自覺後才能自省

要怎樣才會有自省的能力？

首先要有「自覺」，有自覺才曉得自我反省。

心理學家曾做過實驗，讓黑猩猩照了十天鏡子後，在黑猩猩的額頭上點一個紅點，再讓牠看鏡子。結果黑猩猩不斷用手去摸額頭，用力搓揉那個紅點；但如果事先沒讓黑猩猩照十天鏡子，即使後來牠在鏡中看到紅點，也不會用手去摸去搓。

這實驗套用在人身上可以解釋為：當一個人不知道自己是什麼樣子，就不會發現自己有什麼不對勁；一旦知道自己是什麼樣子，只要稍有不對，便會發覺且試圖更正。因此一個人要能「自覺」是非常重要的。

有個年輕人向心理醫生訴苦，說他的母親很囉嗦，讓人十分厭煩。心理醫生發現他的母親的確十分囉嗦，但同時也發現她本來不是這樣的，她之所以變得囉嗦，是因為兒子總要她三番四次地提醒才把事情做好，久而久之，便成為囉嗦的人。

然而這年輕人並沒有「自覺」，也就不可能自省，要改變就更難。

沒有人能改變自己不願承認的事

我聽說有次考試，某生斜視鄰座的考卷，老師不得不提出警告：「你以為我沒看到嗎？你偷看三次同學的考卷了！」

這學生竟回答：「這不能怪我，因為他的字太潦草了！」

我也有過類似的經驗。有次我問一位前來應徵的員工說：「妳能做得長久嗎？我看妳已經換過不少工作了。」

她一臉無辜地說：「但我離開那些地方，都不是我願意的呀！」

大家認為這兩個人改變的可能性有多少？

很難，對嗎？沒有人能改變自己不願承認的事。想想，一個酗酒者若死不承認自己有酗酒的問題，你認為他戒酒的可能性有多少？

所以我對履歷表中「隱惡揚善」的原則，有不同於一般人的見解。我喜歡看到求職者寫出有自覺、懂得自我反省的詞語。舉例來說，在學經歷條件都伯仲的前提下，與其說自己樣樣都好，還不如寫「我的個性比較急躁，比較欠缺協調能力」。

莎士比亞說：「人生下來肩上就掛了兩只袋子，掛在胸前的是自我辯護或推諉責任的袋子，而掛在背後的則是反省之袋。前者因為經常看到故使用頻繁，而後者則因看不到而忘記如何使用。」我比較欣賞看得到「後面袋子」的人。

肯反省的人，才有成長和改變的可能

曾在報紙專欄讀到一則故事：

阿華是學校的模範生，阿忠則是老師公認的問題學生。有一回，他們兩人吵架了，老師知道以後，要求他們各寫一份悔過書。阿華在悔過書中，從頭到尾都寫自己如何不對、沒有為對方著想，以後要如何改進等自我反省的話；阿忠則恰恰相反，他在悔過書中，自始至終都說自己如何有理、對方如何不講理，而自己已經非常忍讓了等自認為沒有錯的話。

後來老師私底下問知情的學生，他們都異口同聲表示錯在阿忠，是他先招惹阿華，阿華實在氣不過，才和他吵起來的。上課時，老師對學生說：「阿忠認為自己沒有錯，阿華認為錯在自己，如果真是這樣的話，為什麼模範生不是阿忠，而是阿華呢？」老師接著又說：「自我反省也是一種能力。缺乏這種能力的人，就不容易得到別人的認同和幫助，將來很難在社會上立足。」

我完全同意。如果你都沒有錯，為什麼別人會比你優秀？這問題你想過嗎？

人因自覺而成長，因自滿而墮落

話說在中國夏朝，背叛的諸侯有扈氏率兵入侵，夏禹派他的兒子伯啟抵抗，結果伯啟敗北了。他的部下很不服氣，要求繼續進攻，但伯啟說：「不必了，我的兵比他多，地也比他大，卻被他打敗了，這一定是我的德行不如他、帶兵方法不如他的緣故。從今天起，我要努力改正過來才是。」從此以後，伯啟每天很早便起床工作，粗茶淡飯，照顧百姓，任用有才幹的人，尊敬有品德的人。過了一年，有扈氏知道了，不但不敢再犯，反而自動投降了。

古人每天反省自己的行為，做一件善事便在缸裡放一顆紅豆，做錯事便在缸裡放一顆黑豆，長久下來，缸裡的紅豆越來越多，黑豆越來越少，這就是反省的效果！

人因自覺而成長，因自滿而墮落。如果你有自覺，不妨也照做吧！

反省其實是一種學習能力，反省過程就是學習過程。

要如何進行反省？不妨思考一下：

「今天學到什麼可以幫助我成長？我該如何應用在生活上？」

「我從挫敗中學到什麼？要如何才能避免？」

「我做錯了什麼？下次應該有什麼不同的做法？」

「我做對了什麼？我能從這次經驗學到什麼？」

「我是否盡到做學生、子女或父母師長的責任？做了什麼？還需要做什麼？」

當然，「自我反省」可別落入「自我批評」；前者可以讓你變得更好，後者卻讓你感覺更糟。

〈真正的敵人，是我們的怨恨〉

當我們為他人所傷，內心紛亂，憤恨的情緒久久無法釋懷時，報復之心於焉產生。

「我恨透了那個人。」你說：「我絕不會讓他好過。」你滿心怨恨，渴望報復，你相信只有讓他痛苦，你才會好過一點。

但這樣有用嗎？當然沒用，當你一心想著報復，腦中一遍遍想著他及他對你的侵犯和傷害，這樣對他有什麼影響？他根本就不知道，你只是讓自己更不好過而已。

你想扛石頭去砸他，但必須一直扛著石頭的人是誰？你氣得想砍那個人幾刀，但當你憤恨難平，那個真正受傷的人又是誰？是你，對嗎？

最嚴厲的報復，就是讓自己過得很好

有個女星被最好的朋友欺騙，投資生意慘賠了幾千萬。爆發財務問題後，她負債累累，演藝事業也掉入谷底，但更讓她難過的是，親密好友不斷對媒體放話，把責任全都推到女星頭上。

事件過了十年，堅強的她最後站了起來，不但還清債務，事業也重回軌道。某次接受訪問，聊到這段讓她傷痛的過去。

主持人問：「當時遭到最好的朋友背叛，難道妳不會想報復嗎？」

女星坦言：「當然會。我曾想自殺，讓她後悔一輩子；我曾想透過關係，毀了她的事業；我甚至想找黑道恐嚇她，讓她嘗嘗活在恐懼裡的滋味……」

主持人問到這一內幕消息，連忙趁機追問：「那妳最後究竟做了什麼？」

女星聳聳肩，「後來想一想，我自殺死了，她頂多自責一陣子，不值得；毀了她的事業要花不少心思，但我卻不會因此多賺一點錢，不值得；找來黑道，萬一形跡敗露，我還會吃上官司，毀了人生，更加不值得。」

主持人顯得有點失望，「所以妳根本什麼事也沒做嘛！」

「不，我後來想出一個方法，對她而言是最嚴厲的報復。」女星回答。

「是什麼？」

「因為她恨我，不希望看到我快樂、成功……」女星微笑地說：

「所以最嚴厲的報復，就是讓自己過得很好！」

有仇不報必有後福

有句話說得好：「絕不要跟豬打架，因為會沾滿一身爛泥，而那是豬的最愛。」

用惡行對抗惡行，用侮辱對付侮辱、傷害反擊傷害，我們就成了同樣的人。一旦你與人對抗，就會不由自主地落入別人挖的坑，這樣就算殺光所有青蛙，你仍是在坑裡跳不出來。

那就是為什麼「最好的報復就是讓自己過得更好」。我相信許多失戀的人也聽過這句話，但其實它的重點並不是在「報復」，而是在「讓自己過得更好」。

曾在電視上聽到一位氣質高雅的珠寶設計師，說了一段自己的往事。當她發現前夫外遇後，她每天躲在家裡哭，日子過得很悲慘。直到有一天，她躺在床上想，現在只有兩條路，一個就是直接從十三樓住處往下跳，從此一了百了；一個就是過得比現在更好，來報復前夫。最後她選擇了後者，於是努力認真過日子，成了珠寶設計師，現在事業很成功，過得很充實美好。

這就對了，有仇不報必有後福。

欽哲仁波切說過：「不要再怨恨所謂的敵人。真正的敵人，是我們的怨恨，該消滅的，是它。」

心繫仇恨，就很難靜下來想。如果你懂得愛自己，不再去想別人對你的傷害，你的傷害還會剩多少？

一心想報復的人，請靜下來想想。當你讓對方難過，自己就好過嗎？就算讓你報復成功，你真的就成功嗎？

想報復對自己狠心的人，就是讓自己活得比他更好、更快樂！

〔空轉不如自轉〕

在一個觀光景點的碼頭邊，有許多海鳥聚集。牠們飛翔在藍天白雲間的姿態優美，映在海水上的身影引人遐思。牠們是遊客的寵兒，遊客們常在口袋裡裝滿乾果、爆米花等，或在碼頭上的小鋪買一包鳥食餵牠們。

當遊客餵食的時候，海鳥不再安詳，反而彼此爭食，互啄對方。體型大的鳥常惡行惡狀地欺負小鳥，攔阻牠們分一杯羹，有時牠們好不容易叼到一點食物，又被搶走。其實，整個海洋無邊無際，可以海闊天空地翱翔，何必把自己限制在狹小的碼頭上，為了遊客手中的一點吃食而被啄得頭破血流？

很多人都有這樣的經驗，有人守著工作卻不開心，有人守著一分得不到回應的愛、一段發爛的感情，死不放手；有人緊抓著每況愈下的投資，還有人陷在痛苦的情境之中。生命對我們來講，只是不斷重複無奈和無助，跳不出來，也掙不出去。

一枚硬幣若靠得太近，就會把整個世界遮蔽

有個「風外禪師與牛虻」的故事，深富啟發。

風外禪師在大阪一座破寺做住持的時候，有位大商人心結難解，前來求教。商人大吐苦水，但風外禪師似乎一點也不感興趣，只是聚精會神地注視著一隻反覆撞擊紙窗又掉下來的牛虻。商人憋不住了，譏諷

道：「看來師父真的很喜歡牛虻！」

「那隻牛虻……似乎是拿定了主意，非要從那扇紙窗出去不可。這樣一個破寺，到處都有又寬又大的出口，何苦老是拿自己的頭，去撞那扇紙窗！沒想到竟也有人像牠！」

就好比葉子遮眼一樣，只要將一片葉子放在眼前，它就會把整個世界遮蔽。當你太專注在一個念頭，這個念頭就變成你的世界；太執著於某個人、某件事，你就受制於那個人、那件事；當你一直死守著一口井，那你能看到的世界，就只剩一口井的天空而已。

人一旦鑽牛角尖，就看不到其他的出路和寬廣的世界。

放下，整個天空就是你的

文學家小林秀雄說，樹上的一片葉子能藏月。如果將葉片放在眼睛上，由於距離過近的關係，我們就不能確實看清葉片的樣貌。而一片遮眼的葉，也能把月亮和世界隔絕在我們之外。如果將葉片移開，就能清楚看見葉子。同理，其他東西也是如此。移開眼前的葉子，山岳、河流、月亮、雲彩都清晰可見。

在你的世界之外，還有更大的世界。只有當我們願意將心靈放開，才能感知到「其他的世界」；只有當我們不再死守那口窄井，才能真正看到遼闊的海洋。

我們就像忘了如何飛行的海鳥，被困在充滿雜亂、爭鬧的碼頭。偶爾眺望遠處的高山，嚮往能翱翔於廣闊的天際與大海，但不知怎地，我們卻被遊客手中的一點吃食給套牢。

想想看，是真的有人把你綁起來，還是你把自己「綁」在那裡？

空轉不如自轉。只要你願意放下緊抓不放的，整個天空就是你的。

法國詩哲阿波里納芮（Apollinaire）曾寫過一段智慧之言：「到邊緣來。」

「到邊緣來。」

「我們不能，我們害怕。」

「到邊緣來。」

「我們不能，我們會掉下去。」

「到邊緣來。」於是他們來了，然後他推了他們一把，他們卻飛了起來。

你以為緊抓著的，是讓自己不掉入斷崖的繩索，你害怕不拚命抓住就會粉身碎骨。直到你心一橫，鬆了手，才發現，原來下面並不是懸崖，而是大海；你才發現，你沒有摔得粉身碎骨，而是學會飛翔。

PART 2

真正的力量在軟弱裡找到

表面上看來，悲傷似乎是讓我們受傷，
可是，悲傷在我們心中切割得越深，
從中便能滋長出越多的耐心、同情和愛。
當我們遭受挫折、感到孤獨或沮喪，
我們便得以同理心了解他人的困頓。

〔傾聽別人的忠告，然後走自己的路〕

幾天前在電視上看到一位養生專家說，他每天早上四點就起床靜坐兩小時，這麼做讓他頭腦清楚、精力充沛，他鼓勵大家也跟著做。當時我的第一個想法是，如果我照他的話做，可能整天都昏昏欲睡、腦袋空空。

我要說的是，對他好的，未必對我就好。每個人的需求本就不同，適合你的不一定適合別人。相對的，適合別人的也未必適合你。每個人都是獨一無二的，天底下沒有兩個人的需要是相同的。

先問自己：「為什麼做這件事？」

有隻驢子聽到蟋蟀唱歌，心想：「能像那樣唱歌多好！」牠問其他動物蟋蟀的祕訣是什麼？牠們告訴牠蟋蟀喝露水。於是驢子也去喝露水，但一開口唱歌，仍發出驢子的刺耳叫聲。

所以，我常提醒學生要有獨立思考的能力，在做任何事之前，先問自己：「為什麼做這件事？」比方，許多學生想考公職。「為什麼想當公務員？」並不是因為大家都去考，而是你分析過自己的個性，評估過自己的能力，也弄清楚公職的利弊，才下決定。

我曾問過一個朋友：「為什麼你要讓孩子學直排輪？」他說：「因為想讓他多元學習。」後來孩子學得興趣正濃，他卻開始阻止：「因為我怕他太入迷。他居然說以後想當直排輪的教練。」如果他會擔心這個，一開始就不該鼓勵兒子去學；這就是沒想清楚。

以規劃孩子的學習為例，在決定前，我都會先問：「為什麼要讓孩子讀私立學校？」、「為什麼孩子要參加那個活動？」或「為什麼要孩子學那種才藝？」

我看過有些父母成天東奔西跑，投注大量時間在孩子身上，讓他們參加各項才藝與社團活動。雖然出發點是好的，但有些父母只是跟著別人做，或是出於競爭的心態；他們只是希望孩子樣樣都能超越他們的同儕，卻很少去思考「為什麼」。

別人的意見是提供參考，而不是取代你的思考

英國大哲法蘭西斯・培根（Francis Bacon）說得對：「如果一個人

以無疑開始，必然以懷疑結束；假如他願意以懷疑開始，將會以無疑結束。」

一個軟弱的人，最大的弱點就是耳根子軟，很容易同意別人的看法或做法。即使自己也有想法，最後還是跟隨他人。因為跟隨群眾比較安全，有那麼多人都這麼做，你覺得自己不孤單，覺得自己不可能迷失。然而，就因為這種想法，才讓你一再迷失。

你看看那些股票散戶，他們總是一窩蜂的，沒有自己的主張，有人跑就跟著跑，也不管多頭或空頭，最後都成了冤大頭。

在面對任何來歷不明的訊息時，要養成客觀的懷疑態度，並提出疑問，追蹤訊息的根源。如果找不出可靠的來源，就要指出疑點和不同意的地方。不要因為在書上讀過、電視上看過，或聽專家說過，甚至網路流傳過，就照單全收。你要對從你嘴巴傳出去的訊息負責。

我並不是要大家不聽別人的見解和忠告，剛好相反，你可以去聽別人說的一切，只是不要被牽著鼻子走。

話說有兩個遊民坐在樹下，其中一個說：「我會變成這樣是因為我從來不聽別人的忠告。」

另一個說：「兄弟，我會變成這樣，就是因為我聽了每一個人的忠告。」

明白嗎？別人的意見是提供你參考，而不是取代你的思考。你要傾聽每一個忠告，然後走自己的路。

有個人向智慧大師求教：「我知道我是個傻瓜，大師，但我不知道該怎麼做。請你教教我吧！」

「喔，可憐的孩子！」大師安慰他說：「如果你知道自己是個傻瓜，就表示你根本不傻！」

「那為什麼每個人都說我傻？」那人抱怨說。

「你是不傻，」大師說：「但如果你光聽別人的話，你就是一個名副其實的傻瓜！」

是的，你並不傻，但如果你光聽別人的話，你就是傻瓜！

〔無所求，好自在〕

我發覺，不論是感情或關係，越無求的人就擁有越大的自主權。當你很在意別人，就容易耿耿於懷、患得患失；反過來，當你不在意，別人反而會在意你。

回想一下，你在哪些人面前會覺得恐懼，是不是你對他們有所求？你會擔心自己表現得不好，怕他們不認同你，對嗎？

「愛一個人為什麼會有那麼多痛苦？」原因也在這裡。當你往外求愛，等於是在求人。當對方點頭，你就歡喜；對方搖頭，你便跌入谷底。那就是為什麼愛會讓人如此挫折沮喪。

「有求必苦」，當你去求人，就得看人臉色，雖未必要「屈膝」，但至少也要「卑躬」。求若不得，隨之而來的就是失望、挫敗；就算求得，也難免記掛著一筆人情債。所以我向來不喜歡麻煩人，更討厭求人。

無求即自在。當別人願意付出，你很高興，要是他不願意，也沒關係；當他願意幫助你、支持你，你很感激，如果不願意，也無所謂。如同生菜沙拉之於老虎，如果你沒興趣，沒有需求，又怎麼可能患得患失？

你能無求於人，就有無比力量

有位富翁非常有錢，卻不受旁人尊重，他為此苦惱不已，每日尋思，如何才能得到眾人的景仰。

某天在街上散步，他看到街邊一個衣衫襤褸的乞丐，心想機會來了，便在乞丐的破碗中丟下一枚亮晶晶的金幣。

誰知乞丐頭也不抬地繼續抓虱子，富翁不由怒從中來，「你眼睛瞎了嗎？沒看到我給你的金幣？」

乞丐仍是不看他一眼，答道：「給不給是你的事，不高興可以拿回去。」

富翁大怒，意氣用事起來，又丟了十個金幣在乞丐碗中，心想他這次一定會趴著向自己道謝，不料乞丐仍是不理不睬。

富翁暴跳如雷，「我給你十個金幣，你看清楚，我是有錢人，好歹你也尊重我一下，道個謝都不會。」

乞丐懶洋洋地回答：「有錢是你的事，尊不尊重你則是我的事，這是強求不來的。」

富翁急了，「那麼，我將我的財產分一半給你，能不能請你尊重我？」

乞丐說：「給我一半財產，那我不是和你一樣有錢了嗎？為什麼我要尊重你？」

富翁更急了，卯起來說：「好，我將所有的財產都給你，這下你可願意尊重我？」

乞丐大笑，「你將財產都給我，那你就成了乞丐，而我成了富翁，我憑什麼要尊重你？」

蘇洵的《安樂銘》說得好：「人到無求品自高。」當你是無求的，人品自然清高，處事自然自在。

我們的需求讓我們脆弱。如果你仔細觀察，會發現恐懼永遠是奠基於欲望之上。為什麼你怕失去？因為你有獲得。為什麼怕輸？因為你想贏。為什麼會失望？因為你非常期望。為什麼患得患失？因為你把得失看得太重，因此你變得緊張害怕。

想想，如果你不抱希望，怎麼會失望？如果你不想贏，又怎麼可能被打敗？如果你不在乎結果，怎麼會恐懼？如果你對人一無所求，又何必看人臉色？

「無所求，好自在。」當你能無求於人，就有無比力量。

每當生活中出現你不喜歡的事，或是得不到想要的東西，你就會不高興，接著就發脾氣，這幾乎已成了一種慣性，你可以看出自己的怒氣是如何產生的嗎？

憤怒是表現出來的恐懼。那恐懼又是怎麼產生的呢？恐懼是隨希望產生的。比方說，你渴望成交一筆生意、想得到某個職位，就會有恐懼，如果你沒有辦法達成要怎麼辦？恐懼就產生了；如果有人阻礙你，你就會憤怒。

所以，當生氣時，觀察自己有什麼期待是非常重要的。每當你希望，就會變得害怕；害怕自己能否達成期待，在這些期待底下則是焦慮與不安的情緒。

只要有求，你的心就不可能平靜。

〔把我放下，煩惱也放下〕

情緒雖千變萬化，但說穿了，不論直接或間接，一切情緒都出於自私，也就是說，它們都與執著於自我有關。

譬如，某件事發生了，而你覺得十分惱火，請問你為什麼惱火？如果那件事與你無關，你還會那麼惱火嗎？

有人隨口說了句話，也許沒有特別意思，但如果你認為：「他分明是『衝著我』來的。」你的敵意馬上就會升起。

有人占你便宜，如果你不計較，事情很快就會過去，但如果你說：「他根本是『吃定我』！」你就會很惱火。當妳的男友答應妳某事，卻又爽約，於是妳罵道：「你怎麼可以出爾反爾？你根本就『不在乎我』。」那就沒完沒了。

如果我們的情緒裡，沒有「我」的成分存在，單純就事論事，心情會很容易平靜下來。但如果情緒來自「我」，就完全不同了，我們會鑽牛角尖，久久無法釋懷。

越自我的人，情緒的問題就越嚴重

觀察一下你的負面情緒，比方怨懟、憤怒、嫉妒或憎恨，是不是都源於你覺得自己受傷或受挫？當你感到挫敗、焦慮、恐懼時，是不是會擔心自己得不到或失去想要的東西？

其實每個人都一樣。我們不時擔心自己是否快樂？是否可以得到更多？這對我有利嗎？他應該這樣對我嗎？我們口口聲聲不忘的都是那個「我」；或許我們有時正直仁慈，有時充滿愛，但不論何種情況，我們總是忘不了自己。

但這樣就真的是對自己好嗎？全力保護自己，就真能不受傷嗎？擁有更多，就能更快樂嗎？不，事情從來不是這樣。只想到自己的人，不但不可能快樂，甚至還會把自己帶向痛苦。

快樂是忘了自己，不快樂是想到自己

你可以回想你認識的人裡，有誰似乎老是深陷於沮喪和痛苦中。我想你一定會發現，這個人談話的焦點老是離不開自己——我不喜歡、我擔心、我厭倦、我受不了；我這個、我那個……

當心情不好時，我常自問：「我在意的是什麼？我在想什麼？」我發現十之八九都在想自己的煩惱；想生命中的挫折與憂慮；想別人對我做了什麼，要怎麼應付。當我沉浸在「我」的思考中時，心情也沉溺其中。

所以，許多先哲和心理學家一再教導人們去幫助別人，而不要盡想著自己。也許你認為自己的煩惱已經夠多了，還要把別人的煩惱背在身上，無疑是雪上加霜。但事實正好相反，經驗告訴我們，去助人、幫人解除煩惱，不但不會增加自身的痛苦，反會讓自己快樂起來。就像某位老師說的：「雖然家裡常有煩心的事，但我卻因為將心思完全放在學生身上，而沒時間去煩惱。」

每當攀緣於情緒的桎梏中，人們總是說：「我放不下。」其實你真正要放下的是那個「我」。

快樂是忘了自己，不快樂是想到自己。

當你只想到自己，就會變得封閉、狹隘，很容易陷溺在自己的挫折、憤怒、嫉妒、煩惱、焦慮、憂鬱、怨恨……裡。

反之，當你忘了自己，連帶許多煩惱也跟著忘了。當你感到快樂時，你是「忘我」的，那也就是為什麼許多人在愛裡或對某件事無私奉獻之後，會覺得很快樂的原因。

〈老說別人造成，結果毀了自己〉

有一天，老蔡和他老婆在半夜回到家，發現家裡遭了小偷。他老婆看到這副景象開始大哭大叫，對老蔡說：「都是你的錯，為什麼出門前沒有鎖好門窗？」

沒多久鄰居也湊過去圍觀，大家議論紛紛老蔡家遭小偷的事。一位鄰居說：「你家的窗戶開著，出門前怎麼沒注意到？」第二位鄰居說：「你的鎖已經舊了，隨便就可以撬開，為什麼不換新的鎖？」第三個鄰居說：「現在小偷猖獗，到處都有人被偷，你也太粗心了！」大家都把錯怪到老蔡身上。

於是他說：「等一等！我並沒有錯。」

圍觀的鄰居異口同聲說：「如果不是你的錯，那是誰的錯？」

老蔡說：「難道小偷沒有錯嗎？」

就算小偷有錯，該負責的人還是你。因為如果問題都在別人身上，你能有什麼辦法呢？

只會一味抱怨，什麼都學不到

我也有個同事家裡遭小偷，不過他認為自己一定有疏忽的地方。於是當天就去訂製了有著堅實鎖扣的新大門，又請師父來加高圍牆，並向市府申請設置街燈，而且夜裡都會留一間房不熄燈，外出時也會開著收音機。從此以後，他再也沒遭過小偷。

反觀老蔡，除了怪小偷外，自己什麼都沒做，果然不久又遭小偷侵入。

力量來自負起責任。想想看，當你把一切錯誤和罪責歸咎給別人，你自己就不一樣了嗎？不，你還是老樣子，除非你先負起責任，並採取一些行動來改變。

理專人員向我推薦一支股票，結果股價大跌，我對他抱怨連連。後來我反省自己，「沒有人強迫我，是我決定要買的。」直到我負起責任，才停止抱怨。我學到什麼呢？

我學到投資之前必須先做好功課，而非盲從聽信別人報的明牌；我學到若想在股市得到更多，往往會失去更多；我學到政治利空是一時的，基本面才是獲利的基石；我學到心情會隨著股票漲跌而起落，還是少買股票才好。如果我只會一味抱怨理專，就什麼都學不到。

懂得鑽進杯子裡，為什麼就不懂得鑽出去？

朋友傳來一則網路上流傳的故事：

有個年輕人出生在富裕家庭，但從小他的父母都忙著工作，沒太多時間陪伴他。漸漸的，年輕人教了許多壞朋友，一天到晚跟著狐群狗黨賭博、吸毒，幾度進出少年觀護所。

父母對他傷透腦筋，但年輕人還是我行我素。最後，無可奈何的父母為了迫使他與壞朋友斷絕關係，只好逼他暫時住進一座深山的教會裡。

但這個年輕人心裡始終有埋怨，認為都是父母、朋友害了自己。他不願意靜下來檢討，也拒絕參與教會的任何活動。

有一天，年輕人正在用餐，身旁有許多惱人的小蟲飛來飛去。於是，年輕人向神父抱怨：「餐廳裡有好多果蠅亂飛，我根本吃不下飯。」

神父聽了，告訴他：「這簡單！我教你做個能捕捉果蠅的小陷阱，問題就可以解決了。」

只見神父拿一個紙杯，在杯子裡放一小塊水果，再拿一張衛生紙包住杯口，最後在衛生紙上戳幾個小洞。完成後，神父滿意地說：「這麼一來，果蠅就會自投羅網了！」

年輕人不太相信這麼簡單就能捉到果蠅，但一個下午過去，他掀開衛生紙一看，杯中的水果上果真停滿了果蠅。

年輕人嘖嘖稱奇地說：「沒想到如此簡單的陷阱，居然這麼有用！」

神父接口說：「都是杯子裡的水果不好，它們實在太香甜了！」

年輕人聽到神父的話，忍不住笑了，「這怎麼能怪水果呢？明明是果蠅自己太笨！牠們懂得鑽進杯子裡，為什麼就不懂得鑽出來呢？」

「你自己不也一樣嗎？」神父微笑地說：「你抱怨環境害了你，自己卻又陷溺其中，不願離開啊！」

這番話讓年輕人陷入沉思，從此洗心革面，成為一個截然不同的人。

電影《蜘蛛人》中有句名言：「力量越大，責任越大！」如果你想從別人那裡要回自己的力量，就先把指向別人的手轉過來指向自己！

”

某個人利用你，那是你的錯，誰叫你要被利用；某人欺騙你，是你的錯，誰叫你要被欺騙；某人害你，也是你的錯，誰叫你要被害。不管你遇到什麼問題，要記住，錯的永遠是你。

「有沒有搞錯啊？明明是那個人騙我、害我、利用我！」你可能會不服氣，「這怎麼會是我的錯？」可是，就算你說得沒錯，責任還是在你身上，想想看，如果你一點錯都沒有，為什麼事情會發生在你身上，而不是別人身上？

你可能會回答：「誠懇待人，難道有錯嗎？」誠懇待人並沒錯，錯就錯在你太過「大意」、「輕信」、「貪心」、「無知」，錯在你識人不清、搞錯對象……。這難道不是你的錯嗎？

“

〔對不起，我錯了〕

認錯很難，要跟人道歉更難。人們總是說：「因為……所以……」、「我不是故意要……」、「我不知道會變成這樣……」但就是不願說一句：「對不起，我錯了。」

原因在於一般人對「道歉」有錯誤認知，以為道歉是向人示弱。人都想顧全「面子」，往往很難拉下臉。何況，很多人認為只有做錯了才需要道歉，如果「我道歉就表示我有錯」，所以為了證明自己沒錯，絕對不能道歉。

事實上，道歉無關對錯，你想想：

兩人有誤會，其中一個先退讓，是誰比較有修養？
兩人有心結，其中一個先化解，是誰比較有氣度？
兩個人吵架，其中一個先道歉，是誰比較珍惜這段感情？

與人建立情誼最好的方法，是分享彼此的弱點

曾有讀者寫信問：「每次和男友吵架，道歉的都是我，明明起爭執雙方都有錯，為什麼我總是先道歉的一方？這是向他示弱嗎？」

「正好相反。」我告訴她：「因為道歉需要勇氣，只有勇敢的人才能鼓起勇氣道歉。」

這道理在職場和家庭都適用。父母必須從「有錯就反省、道歉」的身教開始，讓孩子學習認錯的態度，以及如何處理。不用擔心孩子會沒大沒

小、騎到你頭上，他們反而能學會從錯誤中學習，以及原諒和體恤他人。

在職場也一樣。我相信領導者必須有權威和強勢，但不應該假裝自己不會犯錯。如果下屬知道他們的錯誤會受到批判、懲罰，而你的錯誤卻不了了之，你反而會失去大家的尊重和信任。

與人建立情誼最好的方法，是分享彼此的弱點。當我們承認自己做得不完善時，就是最深得人心的時刻。

你回想一下，上次聽到某人一再吹噓他的成功和能力之後，有和他變得親近嗎？當然不可能。人們會因雙方的不完美、缺陷而更加親近。

有錯就道歉，就算沒錯也可以先道歉

在《國語日報》上讀到吳娟瑜老師的文章，其中有一段寫到：

有位媽媽曾提及他們家親子共同成長的一個體驗。

念高中的女兒有一次晚歸，一進門，心急如焚的媽媽立刻出口責備，只見女兒很不高興地躲進房間不肯出來。

媽媽敲了幾次門，女兒堅持不開門，這時媽媽決定先冷靜下來。她回到自己房間，靠著床沿看書，調適一下心情。

半小時後，女兒敲門進來了。她說：「媽，對不起，讓妳擔心了，我手機正好沒電，心想趕快回來，不料路上又塞車……其實我剛才一進門就想道歉，但妳那麼凶，我根本沒機會開口……媽，現在輪到妳道歉了。」

看到女兒這麼冷靜又懂事地來講理，媽媽放下手上的書，誠懇地說：「我第一個要道歉的是，我講話太急，得理不饒人；第二個要道歉的是，講話的口氣不好；第三……」母女因為放軟身段，在互相道歉的過程中，關係又變好了。

人與人之間的誤解，就像身上的傷口，越早處理越好；如果放著不管，久了就算傷口能癒合，心裡的疤痕也難除掉。

所以，有錯就道歉，就算沒錯也可以先道歉。

「對不起，讓你覺得不舒服。」

「對不起，我忘了提醒你。」

「對不起！我錯了。」

愛並不是比誰比較有面子，而是誰願意為了對方不要面子。退讓不是輸，是贏；贏得尊重、贏得友誼、贏得好關係。

想想，如果只要道歉就能讓你有更好的結果，何樂不為？

誰沒犯過錯？我們都做過一些錯事、蠢事，但卻因為沒有道歉，一直耿耿於懷，等於錯了一輩子。

所以，勇敢地承認錯誤吧！對方接不接受都無所謂。請記住，你不需要為對方的反應負責，為自己的行為負責即可。你唯一要做的是真心誠意地說：「對不起，我錯了！」真誠的道歉比任何行動更能修復關係。

回想看看，你的好朋友；那些對你有好的影響、最有啟發的人，不都是先對你好的人嗎？不都是包容你、寬恕你過錯的人嗎？

你想跟他們一樣贏得情誼、贏得尊重，那就先伸出友誼的手吧！

〈在別人笑你之前，先笑自己〉

有位將軍受邀參加一個宴會，一位士兵打算為他斟酒，卻不小心把酒灑到他光禿禿的頭上，士兵一時間不知所措，情況非常尷尬，這時將軍幽默地說：「你以為用這種方法，我的頭髮就會長出來嗎？」一下子便化解了緊張的氣氛。

還有一對夫妻吵架，太太想起過去承受的種種委屈，不由得哭了起來，「我真是一朵鮮花插在牛糞上。」

先生正巧從外頭進來，聽到馬上自我解嘲：「太太，牛糞來了！」

就這樣，太太破涕為笑，化解了一場紛爭。

自嘲是一種風度，也是一種高度

幽默力量大，而自嘲又被視為幽默的最高境界，由此可知，能自嘲的必定是智者中的智者，高手中的高手。

中西的文人雅士一向善於自嘲。國畫大師張大千從上海返回四川老家。行前好友設宴為他餞行，還特邀梅蘭芳等人作陪。宴會開始，大家請張大千坐首座。張大千說：「梅先生是君子，應坐首座，我是小人，應陪末座。」梅蘭芳和眾人都不解其意。張大千解釋說：「不是有句話說：『君子動口，小人動手』嗎？梅先生唱戲是動口，我做畫是動手，我理應請梅先生坐首座。」滿堂來賓為之大笑，並請他倆並排坐首座。

美國諧星鮑勃霍伯也擅長自嘲，因而贏得無數人的喜愛。

他第一次去好萊塢應徵演員的時候，導演問他：「你擅長表演什麼？」

他說：「滑稽有趣的動作。」

導演要他當場表演。

於是鮑勃霍伯走到門口，大聲對著在外頭等候的應徵者說：「你們都回家去吧！導演已經錄用我了。」他的機智與幽默，使他順利踏入演藝圈。

有一次，他去越南義演勞軍，有人問他：「你老是開總統、州長、議員和其他達官顯要的玩笑，為什麼從來不會出事呢？」

鮑勃霍伯幽默地說：「誰說不會出事，你想想，我是怎麼被派到越南來的？」語畢，全場哄堂大笑。

有相當自信的人，才「開得起玩笑」

當然，自嘲並非貶低自我，而是用趣味的角度看待發生在你身上的種種。自嘲必須有開闊的胸襟、機靈的反應，還要有相當的自信。能自我解嘲的人，有較高的自我價值，能肯定自我，所以才「開得起玩笑」。

美國有位女議員，常被對手譏笑她肥胖。她在一次競選演講中自嘲說：「有次我穿上白色的泳裝在大海裡游泳，結果引來蘇聯的轟炸機，以為發現了美國的軍艦。」結果選民反而更愛戴她。

鋼琴家波奇，有一次在美國密西根州的福林特城演奏，發現臺下座位坐不到五成。他當然很失望，但他走向舞臺中央對聽眾說：

「福林特這個城市一定很有錢，我看你們每個人都買了兩、三個座位的票。」

你看，一句話不但化解了尷尬，還讓半滿的屋子充滿笑聲。

懂得自嘲，你可以用它來活躍談話氣氛、消除緊張；在尷尬中對付窘境，自找臺階下、保住面子，甚至還可以鼓舞士氣。

在二次大戰期間，聯軍最高統帥艾森豪將軍赴前線勞軍，鼓舞士氣。那天剛好下雨，他視察的地方滿是泥濘，且水深及踝，行動十分不便。

艾森豪在臨時搭蓋的講臺講完話要離去時，熱情地向大家揮手，結果一個不小心，整個人跌落汙泥裡，引得士兵們哈哈大笑。

一陣忙亂中，該基地的司令官尷尬地扶起艾森豪，並緊張地向他致歉。

「沒關係！」艾森豪不以為意，還開玩笑地說：「看來跌這一跤，比我的話更能鼓舞士氣。」

這就是幽默的力量。多數人都怕被別人嘲笑，因而千方百計地掩飾自己的缺失和錯誤。其實，如果你能在別人嘲笑你之前，大方地先嘲笑自己，別人又怎麼有機會嘲笑你呢？

在別人笑你之前，先笑自己吧！

我們把這個練習叫做「開自己的玩笑」。

不斷遭受挫敗時，與其當悲劇英雄，不如說：「原來我倒了十次，還是不能像國父一樣在第十一次成功。」在餐廳坐了很久，卻沒侍者來招呼，如果能笑著說：「對不起，請問我是不是坐到觀眾席了？」就顯得幽默多了。

如果長得「很抱歉」，不妨開玩笑說：「我雖然沒有好看的外觀，但設備齊全，性能、馬力都很強。」如果頭髮禿了，不妨自嘲說：「至少下雨的時候，我會是第一個知道的人。」

作家尤雪（Arland Ussher）說得好：「幽默就是不要將自己看得太嚴肅的喜感。」如果你懂得用「自嘲」的態度面對問題，你將會發現，事情沒有想像的那麼嚴重。

〔失敗不可怕，可怕的是失敗的心態〕

許多人都害怕失敗，然而事實上，如果你從未犯錯，就永遠學不到東西。

我也失敗過很多次，曾有人問我：「你教人如何成功，可是自己卻失敗，別人會聽你的嗎？」我說：「難道你只能從成功中學習，卻不能從失敗中學習嗎？」

一位開公司的朋友告訴我，每次在面試新進人員時，他總會刻意詢問對方是否有失敗的經驗，如果對方回答「不曾失敗過」，他會認為對方不是說謊，就是不敢冒險挑戰。

我也聽說，要進入某些企業工作，筆試時常會被問到一個問題：「這輩子，你遇到最大的挫折是什麼？你如何面對？」

因為從一個人如何面對失敗，可以看出他未來成功的機會有多大。

如果你從未犯錯，就永遠學不到東西

大家都聽過愛迪生的故事。他共歷經了一千九百九十九次失敗，才成功發明電燈。有人問他：「你是否打算嘗試第兩千次失敗？」愛迪生答道：「那不叫失敗，我發現了哪些方法做不出電燈。」

聽到沒？他根本不認為自己失敗，他成功地發現了不能做燈泡的方法。

所以，失敗並不可怕，真正可怕的是失敗的心態。每回比賽、每段戀情、每次學習新技能、每年大學考試，都會製造出無數的失敗者。但他們若禁不起失敗，或是失敗後便放棄，甚至一蹶不振，這才是最可怕的。

「我已經有多次失敗的經驗」和「我是個失敗者」這兩句話是有差別的。

人的一生本來就不可能事事平順，所以有遠見的父母不該一味地呵護兒女、替他們擋風遮雨，而是該培養孩子承受挫折的能力；並不是要孩子不犯錯，而是協助孩子了解，可以從錯誤中學習。

失敗是成功必經的過程，也是必要的投資

失敗與成功是孿生兄弟，當我們遭遇失敗時，也許只要轉個身，稍

加努力，就能發現成功。

在美國，有個名叫道密爾的企業家，他專門收購瀕臨破產的企業，而這些企業經他經營之後，又一個個起死回生。

有人問他：「你為什麼總愛買一些失敗的企業來經營？」

道密爾回答：「曾經經營失敗，反而容易找到失敗的原因，只要把缺點改正過來，自然就會賺錢，這比自己從頭幹省力多了。」

日本著名服裝設計師三宅一生，設計的服裝廣受喜愛。於是有人去請教他，到底是如何選配布料的？

他說：「我在選布料之前，總會到布料場去找一些染印、車織失敗的布料，然後從這些失敗的布料裡，找出失敗的原因。我的靈感就是從這些失敗和錯誤中細心察覺出來的。」

很顯然，失敗是成功必經的過程，也是必要的投資。怪不得 IBM

有個經理，在犯了一次重大錯誤之後，對上司說：「我相信你準備開除我，為了省去你的麻煩，我立刻辭職。」沒想到上司竟回答他：「我不會接受你的辭呈。你認為我會放你走嗎？我們已經投資了百萬美元在你的教育訓練上。」

人可以被擊敗，但絕不能被擊倒

如果你已失敗很多次，不要覺得沮喪，因為即使再成功的人也一樣。在進入正確的門之前，每個人都必須去敲很多次門，事情就是這樣。你會一再跌倒，但你必須一再站起來。等到大門打開了，你將發現一切都是值得的。

這是我很喜歡的故事：

在一群溜冰的人中，有個像是初學者的小男孩，一再失足滑倒，旁觀的人忍不住勸他放棄算了。「孩子，你已摔得鼻青臉腫的，要是我，才不會繼續待在場上。」男孩看了看對他說話的人，再看看腳上剛買、還發亮的溜冰鞋，臉上掛著兩行淚說：「我買這雙鞋不是讓我放棄學溜冰，而是用來學溜冰的。」

說得好！引述文學家海明威的話：「人可以被擊敗，但絕不能被擊倒。」人最大的榮耀不在於從未跌倒，而是每次跌倒都能站起來。

沒錯，這世上根本沒有所謂的失敗，除非你放棄再試一次。

關於失敗，請記住以下三點：

一、一次失敗不等於永遠失敗：失敗是經驗，就好像數學的刪除法，為我們將成功路上不可行的因素逐一刪去後，勝利便在望。

二、一方面的失敗不代表全面的失敗：每個人的天賦、特質不同，適合別人的，不見得適合你，失敗是幫你發現什麼不適合自己。

三、一件事的成功與失敗，是靠個人來決定的：失敗會激勵勇者，也會擊垮弱者。有的人失敗一次，便一敗塗地，有人卻越挫越勇，將危機化為轉機，成就下一次的成功。一樣的失敗，不一樣的人生，一切都看你自己。

〔我們依賴的正是自身的脆弱〕

有位同事平常總給人盛氣凌人的感覺，周遭的人對她都敬而遠之。一天，她出了重大車禍，幾個月後一瘸一拐地來上班。她感謝大家在她生病時對她的關心，從此對同事的態度也有了一百八十度的轉變。不久後，大夥熱絡了起來，才發現她其實很好相處，有人還為過去對她的誤解感到抱歉。

人生有許多體悟都是從認清自己的缺陷而來。因為病痛，我們學會體諒；從別人的痛苦中，我們發現了悲憫；在挫敗中，我們學會謙卑，也讓我們對他人的困難和錯誤更有同情心。

生命的傷口，人生的出口

《鑽石途徑》作者阿瑪斯（A. H. Almaas）曾說過一則女學生照顧臨終老婦的故事：

這名女學生每個禮拜都和阿瑪斯碰一次面，並向他哭訴那位老婦人有多痛苦；她的一生都活在悲苦中。當老婦人過世時，這名學生哭得比從前更慘，並開始對上帝感到憤怒。她問道：「這一切有什麼意義？」「這是很好的問題，而答案也很有趣。」阿瑪斯說：「那位老婦人讓妳認識了慈悲是什麼。因為結識她，妳的心打開了，從中體驗到從未有過的慈悲。而透過妳，老婦人也體認到什麼是慈悲。」

表面上看來，悲傷似乎是讓我們受傷，可是，悲傷在我們心中切割得越深，從中便能滋長出越多的耐心、同情和愛。當我們遭受挫折、感到孤獨或沮喪，我們便得以同理心了解他人的困頓。

有位長期從事心理諮詢的朋友告訴我：「一個心理治療師的生命經驗有多豐厚，才有多強的力量去幫助個案。」想想，假如你自己連「需要被幫助」是什麼感覺都不懂，又如何去從事幫助人的工作？

是啊！套句詩人里爾克（Rike）的話：「到頭來，我們依賴的正是自身的脆弱。」原來苦難不是人生的挫折，而是人生的存摺。生命的每一道傷口，其實是通往人生另一個出口。

”

珍珠原是嵌在蠔內傷口中的一粒砂。因為砂子的刺激，傷口被激發出前所未見的力量，成就一顆閃亮的明珠。

沒有創傷就沒有珍珠。磨難可以變成無價的資產；痛心的殘缺，也能成為自救救人的新力量。只要你願意深入去看，就會發現，再痛苦的事情都伴隨著珍貴的禮物。

“

〔那些打不垮我的，將使我更堅強！〕

每次在急診室看到有人自殺，心裡總浮現一個念頭：既然有勇氣自殺，為什麼不拿這股勇氣活下去？

一般來說，人都是怕死的，為什麼有人有勇氣去自殺？這問題也曾讓我疑惑許久。後來與一些自殺獲救者閒聊後，才明白，原來死掉就一了百了，只有一瞬間的痛苦，但活著卻必須面對無止境的痛苦，那才是最艱難的。

曾有人告訴我，人會自殺是因為絕望，痛不欲生，才會結束自己的生命。但我想，他們並不是想結束生命，只是想結束痛苦。每個人都希望痛苦結束，問題是：結束生命就會結束痛苦嗎？問題真的就解決了嗎？

不，自殺並不能解決問題，只能解決自己；自殺也不能結束痛苦，只是把痛苦留給愛你的人。

重要的是你決定要怎麼活？

每回在新聞中看到有人以自殺的方式面對生命困境，大家總習慣把焦點放在自殺者的壓力和自殺原因，卻忽略了那些活下來的家人或朋友內心的傷痛與煎熬。

有位病人被診斷出腦瘤，一度陷在不可自拔的絕望裡。她原本考慮結束生命，還做了周詳的計畫。我會知道是因為她聽了我的建議，接受心理治療。

我問她是什麼原因讓她決定不自殺了，她說她寫了一份遺囑給家人和朋友，並意識到這些人對她自殺可能有的反應：驚愕、難過、羞愧、罪惡感、痛心疾首、永遠無法原諒自己或她。她才了解到自己差點犯下不可挽回的錯誤，於是決定不自殺了，「我不能那麼自私。」

我為她的「負責」感到欣慰。我告訴她：「我知道你很擔心自己會死，但我也會死啊，就算比妳多活幾年，我也一樣會死。重要的是妳決定要怎麼活？妳有沒有想過，妳可以選擇懦弱，也可以選擇堅強；妳可以選擇痛苦難過，也可以選擇樂觀以對。

「妳看看窗外那片楓葉，即使要凋落了，卻還是那麼的美好。只要還活在這個世界上，即使只剩一天，也應該替自己找個理由好好活下去，好嗎？」

不要解決不了一盤難棋，就把整盤棋打翻

有位叫珍妮的女人，她的先生在執勤時喪生，而先生過世後不久，醫院又診斷出她罹患末期癌症，餘日無多。這女人在自我放棄一段時間後，突然病情好轉，甚至還做了許多好事。

他的醫師很訝異，問她：「珍妮，妳從哪裡獲得力量的？三個月前妳幾乎奄奄一息，可是後來卻精神抖擻。」

珍妮笑著說：「剛開始我非常沮喪，常怨天尤人。後來，我想，如果放棄自己，只有殯儀館獲益；但如果我多為家人或教友做一個月有益的事，也許他們就能受益一個月。

「於是我對自己說，至少我要打扮整齊，志願參加生命線諮詢服

務。透過激勵別人，也激勵自己勇敢走下去。」

我很喜歡尼采的一句話：「那些打不垮我的，將使我更堅強！」想想，有很多小兒麻痺、肌肉萎縮症、四肢不全、癌末病人，一樣活得很開心，我們實在沒有理由告訴別人，自己過得很苦，所以要自我了斷。這就像一位不入流的棋手，解決不了一盤難棋時，就乾脆把整盤棋打翻。

沒有人能一生順遂平穩，每個人都有屬於自己的生命故事和課題要完成，怎麼可以半途而廢？

自殺是「看透了」嗎？錯了，其實是「看不透」。

想想，自殺會讓你的問題消失嗎？會讓你的至親好友解脫嗎？會讓你怨恨的人得到報應嗎？你的靈魂就不再痛苦嗎？

自殺需要很大的勇氣嗎？錯了，其實活著需要更大的勇氣。

所以，不要再用死來解決生的問題。既然連死都不怕，還有什麼好怕的？有勇氣自殺，為何不把這勇氣拿來面對問題？

不管你現在在哪個位置上，
或是從哪個地點出發，
都可以到達任何你想去的地方。
因為地球是圓的，
所有的地點都在圓周上，
而從圓周上的任一點都可以到達圓心；
所以，儘管往你想去的地方邁進，
別顧慮你所站的位置。

力量一直存在你心中

PART 3

〔你本來就是有價值的〕

去演講或接受訪問時，曾提起自己的成長歷程，很多人都不太相信，我曾是那樣的自卑膽怯，唯唯諾諾。以前，我的行為和心情都是以別人的眼光和評價來決定，我不知道自己的價值在哪裡。

記得小時候，有人稱讚我俊俏可愛，我以為自己的價值就是長相，所以當時很在意自己的外貌。

國、高中以後，我的「價值」變了，我一再聽父母、師長說，成績才是最重要的，所以當我成績好，就覺得自己優越；成績差，就變得一文不值。

後來出了社會，我認識更多的人，聽到更多的事，我變得有點「價值混亂」。我的價值變成了身分地位，變成了車子、房子、存款簿裡的數字，我以為擁有越多就越有價值。

直到有一回出國開會，我住在飯店裡，半夜從夢中醒來，腦中一片空白，「這是什麼地方？我是誰？」那種虛無的感覺讓人非常害怕，因為我一直以為我是我擁有的一切。而現在，所有事物都不在了，我頓覺迷失。失去了擁有的東西，那我是誰？價值何在？我好像什麼都不是。但如果我什麼都不是，那現在躺在床上的這個人又是誰？

我恍然大悟，啊！原來我並不是那些我以為的東西；並不是我的房子、車子、職位、存款簿……。因為當這些東西都不在時，我依然還在。第一次面對赤裸裸的自己，我終於明白，外在的一切都只是包裝，拿掉包裝後，裡面才是真正的我。

別人對你的評價，是別人的價值

我們從來沒有找到自己真正的價值，所以才會把虛幻的價值當真，也就是透過父母的眼光、社會的眼光或親朋好友的眼光，來認定或評斷自己存在的價值。因此當有一天，你可能成績退步、沒找到工作；或失去青春和美貌；或失去身分或地位，就覺得自我價值也蕩然無存。

事實上，自我價值的意義，就跟字面上的意義相同：把自己看得很有價值。它不是來自外在的成就、表現，也不在於別人的眼光和評價，或自己多麼成功、擁有什麼，而是來自本質——你本來就有價值。

就像鑽石即使不加修飾，不管擺在哪裡，用什麼包裝，它的價值還是不變；一朵花即使沒被注意或欣賞，一樣綻放美麗和芬芳。

價值是在自己心裡，而不在別人的嘴裡

有個女孩，她很喜歡和同伴一起玩扮公主的遊戲，也很希望能有機會當一回公主。但每次大家都選擇讓另一位比她更漂亮、笑起來更甜的女孩當公主，她只能當跟班之類的角色。

有一天，她沒像往常一樣出門玩，卻躲在屋裡發呆。她的母親察覺了，就問：「妳今天為什麼不和大家一起玩？」

小女孩悶悶不樂地回答：「一點都不好玩，我永遠做不成公主。」

母親聽了她的話，會心一笑，「那妳今天跟我一起整理花園好不好？」

小女孩點點頭，就與母親到了花園。她看到滿園的玫瑰、百合和紫

丁香盛開，心裡就舒坦了一些。

突然，母親指著面前的蒲公英，要求小女孩，「妳能不能幫我把這些雜草通通拔掉？我希望園子裡只留下漂亮的花朵。」

小女孩盯著蒲公英，覺得那嫩黃的小花雖然不像玫瑰、百合和紫丁香那般嬌豔美麗，卻也別有一番風情，因此向母親抗議道：「蒲公英也很可愛，所有的花都一樣美麗。」

母親微微笑了，蹲在女兒面前說：「對啊，不是只有玫瑰花才美麗，如果妳夠仔細，就會看得到，每一種花都有自己的美麗。」母親繼續說道：「相同的道理，不是只有公主才美麗，做不成公主不表示妳不美麗，而是妳的美麗還沒有被發現。」

小女孩嘟著嘴、含著淚說：「如果永遠都沒有人發現呢？」

母親再次指著眼前的蒲公英，問：「如果妳今天沒有發現這朵蒲公英的美，它就不美了嗎？」

小女孩回答：「不會，它還是一樣美！」

「那就對了！」母親摟住女兒，說：「不管他人有沒有發現妳的價值，妳的價值永遠都在那裡！」

你就是你，別人對你的評價，是別人的價值。你的價值在自己心裡，而不在別人嘴裡；這才是真正的自我價值。

“請想像有個麵包烤出來不理想，被列為瑕疵品，但它就不是麵包了嗎？當然還是麵包，只是外觀不同。如果探究本質，它們都是麵粉，營養價值並無不同。

用兩個容器裝水，一個是黃金做的杯子，一個是玻璃做的。請問哪一杯水比較能解渴？是黃金做的，還是玻璃做的？答案是，兩者都一樣。

為什麼？因為水的本質沒變。自我價值也一樣，不管你成功或失敗，擁有或失去，你的價值都是不變的。花即使掉到地上，還是香的；一千元的鈔票即使再髒，價值還是一千元，不是嗎？”

〈別人怎麼看我，不關我的事〉

你有沒有注意到，很多人摔跤之後，第一反應不是看哪裡受傷，而是先看有沒有人看到自己摔跤的狼狽樣子。

在我們的人格形象中，我們是「被人看的」，比較少是「自己看自己」。你可以找個人問問，看他如何得知自己表現不錯。通常都是看外界評語，例如父母誇他做得好、得到老師或上司的注目及讚譽、獲得名次或獎勵等。

我認識一個人，他原本工作認真負責，卻一直未獲得主管賞識和重用，後來他乾脆擺爛，「反正怎麼做都一樣，又何必那麼拚命？」還有位太太情況也很相似，她因婆媳關係不好，加上婆婆常挑剔，總認為她懶惰，她就索性什麼都不做。

這類型的人看似有個性，其實是非常沒個性，因為他們必須依賴別人；他們都是「被人看的」。當別人肯定，就會因那個肯定而覺得自己有價值；如果別人否定，他的價值也蕩然無存。

一個「自己看自己」的人就不同了，當他們表現不錯時，自己會知道。如果你是這類型的人，不管得到多少獎勵及讚譽，若自己覺得不夠好，就算有再多的肯定都不足以使你肯定自我。相反的，即使你沒得到好評，甚至被批評，但你認為自己已盡心盡力，就問心無愧。

只要你心裡知道自己是對的就夠了

最近有位朋友讀了我的書，他問：「在書裡，你寫了『某位先生有個壞習慣……』，那是不是在寫我？」

「你覺得自己是這樣嗎？」我沒有直接回答。因為書上沒有指名道姓，如果他覺得自己是這樣，又何必多問？如果他沒有這樣，也無須多問。

還有位朋友打電話給我，他因為說了某些話，怕遭人誤解。

「其實重要的不在於別人，而在於你。」我告訴他：「如果你是出於善意，就不必太在意；若是出於怨恨之心，那就是惡意，該主動道歉。」重要的不在別人怎麼看你，而在你怎麼看自己。

有人曾問過艾蓮娜・羅斯福（Eleanor Roosevelt，美國第三十二任總統羅斯福的妻子）如何面對惡意的責難？

她說，自己小時候個性十分內向害羞，更怕別人批評。於是她問姑媽：「我想做某件事，卻又怕遭人批評。」

姑媽告訴她：「別操心別人說什麼，只要妳心裡知道自己是對的就夠了。」艾蓮娜說，後來她住進白宮，這句話便成了她的座右銘。

樹正不怕影斜！只要問心無愧，何必怕人說？

我也是經過不少時間，才領悟到這點。

許多人以為別人不滿意，是因為自己做得不夠。但你以為只要逆來順受、百依百順，就會使批評者滿意嗎？事實並非如此。有時你表現得越好，別人就越有意見，因為他們眼紅，「哼，最會裝模作樣！真是自命清高！還不是想得到什麼好處。」

所以，當有人批判、譏諷或矮化我，我便把那當作是對自己的肯定和推崇。因為他們若不是覺得受到威脅，又何必打壓我？若不是自己相形見絀，又何必批判我？

有時，你表現得太亮眼，搶走別人的風采，但那不是你的問題。就像把瓷杯與鋼杯放在同一個籃子裡，當彼此互相碰撞，破碎的自然是瓷杯。並不是鋼杯有意把它撞破，這是無可避免的結果。如果你表現得好，身邊的人感到壓力，自然會排擠你，那是很自然的。

不管你喜歡也好，不喜歡也罷，隨你便！

不喜歡你的人其實特別在乎你，因為你對他有殺傷力，對他造成壓力，換言之，對你惡言相向的人，對你的評價也最高。

我想起有位記者訪問暢銷小說家考林斯（Jackie Collins），他問她對某些說「寫羅曼史小說太容易了，誰都寫得出來」的人的反應。她回答：「隨他們去！」

雖然只有短短幾個字，但寓意深遠。不管你喜歡也好，不喜歡也罷，隨你便！

批評是最容易的，只要出一張嘴。批評別人很容易，自己做很難；批評作品很容易，創作很難。你可以批評畢卡索，但你能像畢卡索一樣繪畫嗎？

別人怎麼看你，不關你的事。你的責任是在你的心，而非別人的心情。

沒錯，只要你覺得對的事，就去做吧！

人們常會問：「我該怎麼做？」

其實，你只要知道自己「是」什麼，自然就明白「該怎麼做」。

我們不應該因為有人在看，就認真地表現；你全力以赴去做事，因為你「是」負責盡職的人。

我們不應該因為怕別人説話，就有不同的表現；你會去做正確的事，因為你「是」正直的人。

同樣的，不要因為被誤解或被批評責難，就做任何不像是「你」的事，你要堅持自己該做的事。人們也許待你不公，但你不是為他們而做，是為自己而做。

是的，永遠要觀看自己——樹正不怕影斜！只要問心無愧，何必怕人説？

〈未經你的同意，沒有人能讓你難過〉

「一句好話可以讓我快樂三個月。」馬克吐溫說。

但如果是批評的話怎麼辦？會不會也讓你生氣三個月？

這是人們長久以來的毛病——老是隨人左右。

如果有人問你：「為什麼你不高興？」通常你會回答：「我爸媽罵我。」、「她傷了我的感情。」、「他的態度讓我覺得不舒服。」相反的，若有人問你為什麼這麼開心，你會回答：「我的朋友對我很好。」、「他說他很喜歡我。」、「她稱讚了我。」你注意到了嗎？其中隱含的訊息是，別人決定了你的心情。

但別人怎麼會有如此大的力量，他們甚至不曉得這件事，為什麼你卻被主宰？關鍵就在你自己，是你交出自己的力量，不是嗎？

如果你不覺得自己受到侮辱，有誰能侮辱你？

朋友問我：「為什麼等人等不到卻不生氣？」我笑說：「在等人的同時，可以讀書、玩手機，可以觀察路人、欣賞街景、體會微風，也可以靜坐冥想，有什麼好生氣的？」

不論你做什麼，或不做什麼，都不可能使別人快樂或痛苦；這是非常重要的觀念。你也不可能因別人做了什麼而生氣，除非你讓他影響你，使你自己生氣。

說一則故事：

有個年輕人，在看了推銷致富的相關書籍後，決定當個推銷員。幾個月下來，原本信心十足、士氣高昂的他，如今卻像個洩了氣的皮球，原因是他覺得自己受到莫大的侮辱。

在按了門鈴後，有人一看是推銷員，就一臉不悅地關上門；有人則是一臉不屑地聽他解說，那表情就像在看小丑表演。

「我真是受夠了！」這天他遇到一位前輩，忍不住大吐苦水，「為什麼我每到一個地方，就要受一次侮辱？」

「那真是太悲慘了！」老前輩聽了他的話後，充滿同情地對他說：「我無法體會你的心情。二十多年來，我到處旅行推銷，我推銷的東西曾被人丟到窗外，還曾被人放狗咬過，甚至被人一拳揍在鼻子上。但我想我還是比你幸運，因為我從來沒有被人侮辱過。」

是啊！如果你不覺得自己受到侮辱，那麼有誰能侮辱你？

除了你自己，沒有人能控制你的想法和感覺

每當有人告訴我：某人對我做了這件事，而這件事對我產生種種影響；還有，他對我說了什麼話，這些話讓我……

我總會反問：「你為什麼要讓自己受到影響？」

即使有人批評、攻擊你，也不代表你就被否定；真正能否定你的人，只有你自己。同樣的，別人肯定你、鼓勵你，也未必能帶給你快樂；真正能讓你快樂的，也只有你自己。

我聽說有位「好好先生」，很盡力想讓太太快樂。他總是鼓勵她，試著解決她的問題，讓她知道一切都會很好。多年來，他迎合她的一切需要，放棄自己的快樂，想讓太太開心，卻徒勞無功。有一天，他忽然

領悟到，太太不可能改變，他終於受夠了！雖然他的出發點是好的，卻絲毫沒有幫到她；他已成了她的拐杖。

於是這位先生勇敢地對太太說：「親愛的，我愛妳，但我無法讓妳快樂。我已經盡力了，因此，我要讓妳知道，我不會再這麼做了。」

是的，每個人都應該為自己的快樂負責。

並不是說，另一半不必支持和關心，而是不要因為你親近的人不快樂，而過得不快樂，這才是我想傳達的。你沒有責任讓別人快樂，同樣的，未經你的同意，也沒有人能讓你難過。因為除了你自己，沒有人能控制你的想法和感覺。

常有人問我：「為什麼我常感到不快樂？你能幫我解除嗎？」

我說：「答案就在你的問題裡。你不想為自己的生命負責，反倒認為那是別人的責任，這就是你不快樂的原因。」

想像一下，如果你跟著車隊前往海邊度假，前面有位成員突然改變主意，調頭回家，你會跟著他回去，然後為此抱怨嗎？或者你會跟隨領隊，到達海灘並享受美好時光？

當然你會跟隨領隊！你的心情也應該這樣，跟隨自己內心的快樂走，而不是隨人左右。

〈彎腰，有時比站直更高〉

有一句老話：有理走遍天下，無理寸步難行。年輕時很認同這句話，感覺它充滿熱血，正氣凜然，仗義執言。隨著年紀漸長，經歷的事情多了，才知道所謂的「有理」多半是自以為是，因為事情的對錯，本來就沒有絕對標準。若每個人都堅持自己是對的，忘了去理解別人的感受與想法，又怎麼可能「走遍天下」？

此外，很多人常會誤解，以為「理直」在氣勢上就一定要壓過別人，結果很容易變成得理不饒人。以前有位極權式管理的主管，我只要聽到他不合理的要求，就會理直氣壯地回應，據理力爭，他的權威因我而受到挑戰，我也就成了他的眼中釘，做什麼都被刁難，到最後「有理反而寸步難行」。

「理直氣和」要比「理直氣壯」更深得人心

最近很多溝通專家提倡「理直氣和」的理論，在靜思語中也提到：理直氣和，得理要饒人。個人感觸很深。

當我們不堅持自己「理直」，要做到「氣和」就容易很多，也比較能寬恕別人。

還記得伊索寓言中的故事嗎？北風和太陽爭論誰的力量大。風說：「你看到下面那個旅行者嗎？我可以比你更快讓他把外衣脫下來。」

於是太陽躲到雲後面去，讓風吹起陣陣狂風。但是，風吹得越厲害，旅行者越是緊緊把外衣裹在身上。

最後，風只好認輸了。接著太陽從雲後面出來，對著旅行者露出愉快的笑容。沒多久，這位旅行者汗流浹背，很快就把外衣脫了。

「溫和的說服」往往比「粗暴的力量」來得有效。

真正的「強者」也一樣，是要能力強、忍受力強，而不是「態度強」。

只要微笑，時間會給你最好的答案

在課堂上，我常跟學生分享「十二次微笑」的故事：

在飛機起飛前，一位乘客要求空姐給他倒一杯水吃藥。空姐很有禮貌地說：「先生，飛機馬上就要起飛了。為了您的安全，請您稍待片刻，等飛機進入平穩狀態後，我會立刻把水給您送過來。」

十五分鐘後，飛機早已進入平穩飛行的狀態。突然，乘客服務鈴急促地響起，空姐猛然意識到：糟了！由於太忙，她忘記給那位客人倒水了！當空姐來到客艙，看見按響服務鈴的果然是剛才那位乘客。她小心翼翼地把水送到那位乘客面前，微笑著說：「先生，實在對不起，由於我的疏忽延誤了您的吃藥時間，真的非常抱歉。」這位乘客抬起左手，指著手錶說：「妳看看，都過了多久？」空姐心裡也感到委屈，但無論她怎樣解釋，這位乘客都不肯原諒她的疏忽。

在接下來的飛行途中，她為了彌補自己的過失，每次去客艙服務乘客時，都會特意走到那位乘客面前，微笑著詢問他是否需要水，或者其他服務。但那位乘客餘怒未消，並不理會空姐。

臨到達目的地前，那位乘客要求空姐把留言本給他送過去。很顯然，他要投訴。此時空姐心裡雖然委屈，仍面帶微笑地說：「先生，請允許我再次向您表示真誠的歉意。無論您提出什麼意見，我都會欣然接受您的批評！」那位乘客嘴巴一張，本想說什麼，卻沒有開口，只在本子上寫了起來。

等到飛機降落，所有乘客都離開後，空姐原以為這下完了，沒想到，等她打開留言本，卻驚奇地發現，那位乘客在本子上寫下的並不是投訴，而是一封熱情洋溢的表揚信。

那位乘客寫道：「在整個過程中，妳表現出的真誠歉意，特別是妳那十二次微笑，深深打動了我，使我最終決定把投訴信寫成表揚信！妳的服務態度很好！下次如果有機會，我還會乘坐你們的航班！」

彎腰，有時比站直更高；「理直氣和」要比「理直氣壯」更深得人心。

你也可以試試，用微笑取代發怒，怒火便很難燒起來。

沉默，可以避免許多麻煩。
微笑，可以解決許多問題。

人與人之間總有誤解的時候，如果不知如何是好，只要微笑就好。

你無須費心解釋，只要微笑，你的表情就是最好的解釋。

你無須刻意表現，只要微笑，你的態度就是最好的表現。

你無須難過，只要微笑，時間會給你最好的答案。

只要微笑，世界也會笑了起來。

〔與其埋怨暗路，不如自己點燈〕

有個年輕人，畢業後一直找不到理想的工作。他覺得自己懷才不遇，對社會感到非常失望。痛苦絕望之下，他來到大海邊，打算結束自己的生命。這時，正好有個老人經過，問他為什麼要走上絕路。他說自己得不到別人和社會的肯定，沒人欣賞並重用他。

老人從腳下的沙灘上撿起一粒沙子，讓年輕人看了看，然後隨便扔在地上，對年輕人說：「請你把我剛才扔的那粒沙子撿起來。」

「這根本不可能！」年輕人說。

老人沒說話，接著又從自己的口袋裡掏出一顆晶瑩剔透的鑽石，也隨便扔在地上，然後對年輕人說：「你能不能把這顆鑽石撿起來？」

「當然可以！」

「這樣你應該明白了吧？現在你還不是一顆鑽石，所以不可能苛求別人看重你。如果要別人看重，就要想辦法使自己成為一顆鑽石才行。」年輕人聽了後，恍然大悟，謝過老人，便迅速離開了海邊。

很多人抱怨時運不濟，總是找不到令人稱羨的工作，或是不被看重。但如果你的履歷沒有「特色」，表現並不「出色」，又怎能怪別人沒發現你？

是鑽石，總會發亮

只有一件事比從草堆裡找沙更難，就是從沙堆裡找沙。當物體的旁邊都是相似的物體時，自然就會隱而不顯。當旁邊是相異的物體時，自然會脫穎而出。想要獲得他人重用，就得先脫穎而出，讓自己變成無可取代的人。

一位剛上班不久的年輕人對朋友大吐苦水：

「老闆對我有成見，老是對我百般挑剔。說我電腦打得差，文案創意更是一團糟，總之做什麼都不行。」

「你覺得你的老闆說得對不對？」朋友問。

年輕人說：「我覺得自己完全可以勝任這份工作，是老闆偏心。」

朋友建議說：「你現在先不用抱怨。既然老闆這麼壞，何不氣氣他。用他公司的電腦學習，利用在他公司的機會提高你的文案設計能力，然後再離職，讓他因失去一匹千里馬而後悔。」

這位年輕人回去後埋頭苦學，很快便進入狀況，在同事間顯得格外突出優秀。半年後，朋友碰見那位年輕人。那位年輕人忍不住問：「你怎麼不問我是否被老闆炒魷魚，或是炒了老闆魷魚？」

「如果你照我的建議去做的話，你現在應該是被老闆委以重任，而不再滿腹牢騷。」朋友說。

「你真是料事如神啊！」這位年輕人感嘆道：「我回去以後，加倍苦練，表現出色。我本想離職，但老闆卻升我當部門主管，而且非常尊重我的意見。」

「這是你不再抱怨而堅持努力的應有回報啊！」朋友道。

有句話說得好：人活著不是要「鬥氣」，而是要「鬥志」；不是要比「氣盛」，而是要比「氣長」；不是要「爭一時」，而是要「爭千秋」。

的確，生氣不如爭氣。與其埋怨暗路，不如自己點燈。

微軟公司的董事長比爾蓋茲給畢業生的人生建議，也許會對你有所啟發：

一、人生是不公平的，習慣去接受它吧！

二、這個世界不在乎你的自尊，它期望你先做出成績，再去強調自己的感受。

三、你不會一離開學校就有百萬年薪，更不會馬上就是擁有行動電話的副總裁，兩者你都必須靠努力賺來。

四、如果你覺得老師很凶，等你有了老闆就知道了，老闆是沒有工作任期保障的。

五、在速食店煎漢堡並不是作賤自己，你的祖父母對煎漢堡有完全不同的定義：機會。

六、如果你一事無成，不是你父母的錯，所以不要只會對自己犯的錯發牢騷，從錯誤中去學習。

七、在你出生前，你的父母並不像現在這般無趣，他們會變成這樣是因為忙著付你的開銷，洗你的衣服，聽你吹噓自己有多了不起。所以在拯救被父母這代人破壞的熱帶雨林前，先整理一下自己的房間！

八、在學校裡可能有贏家和輸家，在人生中卻還言之過早。學校可能會不斷給你機會找到正確答案，真實人生中卻完全不是這麼回事。

九、人生不是學期制，人生沒有寒暑假，沒有哪個雇主有興趣協助你找尋自我，請用自己的閒暇做這件事！

十、電視上演得並不是真實人生。真實人生中每個人都要離開咖啡廳去上班。

十一、對書呆子好一點，你未來很可能就為其中一個工作。

〔過去不等於未來〕

在洪志明先生的《一分鐘寓言》裡，讀到一則很有意思的寓言：

毛毛蟲長成了漂亮的蝴蝶。草叢裡的動物們，都跑來欣賞牠美麗的翅膀。

「好像撲上一層金粉一樣，真是美麗啊！」小蚱蜢說。

「好像用彩虹碎片做成的衣服，真令人羨慕啊！」小蜻蜓說。

「好像是跳舞時穿的彩色衣服，要是我也有一件，該多好！」愛繞著花朵跳舞的蜜蜂羨慕地說。

就連漂亮的金龜子也羨慕極了，牠說：「你們看！牠衣服的圖案多美麗！在太陽下，發出多麼迷人的光芒！」

一隻既羨慕又嫉妒的霸王蛾說話了，牠說：「你們怎麼讚美起這東西來了？你們知道牠過去有多不光彩嗎？過去牠可是一隻既醜陋又可怕的毛毛蟲啊。」

說完，霸王蛾看大家都沒有反應，便繼續說：

「千萬不要忘了牠可怕的過去啊！」

大家望了霸王蛾一眼，說：「那麼，我們可以請教你，你的過去是什麼？現在又是什麼？難道我們應該要讚美你這個既醜陋，嫉妒心又強的傢伙嗎？」

霸王蛾走了以後，動物們望著牠的背影，說：「儘管你有不光彩的過去，但只要現在心地善良，誰又在乎那些過去呢？」

重要的不是你從哪裡來，而是你要到哪裡去

誰沒有過去？

有位黑人女性出生在種族歧視很嚴重的密西西比州，母親是個未婚少女。她的童年很艱難；六歲以前由祖母在鄉下撫養，九歲時，遭到性侵，十四歲被媽媽送進少年感化院，二十歲時還吸過毒。而今，她不單是節目主持人和企業家，她成立的哈潑媒體集團除了脫口秀，還製作電影，每年賺進超過兩億美元。她甚至被選為全美最有影響力的名人，凌駕美國總統之上。她就是歐普拉・溫芙蕾（Oprah Gail Winfrey）。

是的，「過去不等於未來」。過去的成功，不保證未來的成功，過去的失敗，也不代表未來會失敗。

前美國總統布希在學時是個很差的學生，據說他上任後不久，獲邀到母校耶魯大學演講，他很幽默地對耶魯師生說：「你們都是最好的學生，即使考C，也可以去當總統，即使棄學，仍然可以當副總統，因為美國副總統錢尼，當年就是耶魯大學的棄學生。」

再拿我來說，小學、國中考試都沒有拿過前三名，高中聯考慘敗後，更是懷憂喪志，直到高三才痛定思痛，發奮用功。最後大考成績公布讓師長出乎意料——全校第一。反觀許多過去成績比我好的同學，他們雖贏得每場小戰役，最後卻敗在最終戰場。

之後我不但順利取得各項證照，研究所考上臺大的榜首，也申請到耶魯大學攻讀博士。所以，過去的失敗，對我個人來說並不代表什麼，因為過去的事情已經過去。

過去是可以改變的，就看你現在

一個人從小學到大學，成績都很差，就沒指望了嗎？不，因為過去不等於未來！一個人年近半百還一事無成，就大勢已去了嗎？不，因為過去不等於未來！一個人誤入歧途，甚至被判刑入獄，就永不翻身了嗎？不，因為過去不等於未來！

這故事我常用來勉勵學生：

有兩個人因偷羊被捕，得到的懲罰是在他們兩人的前額烙上兩個英文字母ＳＴ，也就是「偷羊賊」（Sheep Thief）的縮寫，然後放了他們。

其中一人受不了這種羞辱，就躲藏到異邦，可是碰到他的陌生人，仍不停問他這兩個字母究竟是什麼意思。他不得安寧，痛苦不堪，終於抑鬱而終。

另一個人則說：「我雖無法逃避偷羊的過去，但我仍要留在這裡，贏回鄰居對我的尊敬。」

一年一年過去，他重新建立起正直的聲譽。

有一天，有個陌生人看到這老年人頭上有兩個字母，就問當地人，這究竟是什麼意思。

當地人回答：「那已經是多年以前的事了，我也忘了這件事的細節。不過我想那兩個字母是『聖徒』（Saint）的縮寫。」

過去是可以改變的，就看你現在怎麼做。引述小動物想對霸王蛾說的話：「只要現在心地善良，誰又在乎那些過去呢？」一點都沒錯！

記住，重要的不是你從哪裡來，而是你要到哪裡去。

不管你現在在哪個位置上，或是從哪個地點出發，都可以到達任何你想去的地方。因為地球是圓的，所有的地點都在圓周上，而從圓周上的任一點都可以到達圓心；所以，儘管往你想去的地方邁進，別顧慮你所站的位置。

人生道路，本來就不是平坦順暢，甚至崎嶇難行，令人茫然。然而當弱者蹲在路邊哀怨自憐的時候，勇者已走出自己的路。

〔寧可後悔，也不要遺憾〕

害怕失敗會不會使你打消原先想做的事？也許你想報名歌唱比賽，但怕表現失常而放棄；也許你想寫一本小說，卻擔心太多人寫或沒市場而遲疑怯步。

也許你想跟對方分手，因為你們的關係已經糟透了。「可是，光想到一個人過，我就怕得要死。」、「我不知道沒有他之後，生活要怎麼過。」於是你開始為自己找理由：「或許情況沒有我想的這麼糟，或許有一天他會改變，或許我可以就這麼過下去。」

也許你早就想離職，但又顧慮「我不知道這樣做對不對？」、「要是新工作更糟怎麼辦？」、「也許我應該等一陣子看看……」

人生的本質就是風險

很多人決定停留在種子裡，為什麼？他們原本可以開花的，為什麼寧願讓自己留在一顆種子裡呢？因為種子比花安全。花朵很脆弱，輕易就會被毀壞。人們畏懼風險，於是活在盡可能狹小的範圍裡，他們將生命的格局變得很有限。

事實上，人生的本質就是風險。從受孕、懷胎、到出世、長大，各有不同的風險；生孩子有風險、過馬路有風險、交朋友有風險、投資有風險、就連睡覺也有風險。很多人都是死在睡夢中的，難道你因此就不上床睡覺嗎？

我聽過一則故事，大意是這樣：

有人想收購農作物，就問農夫：「你有種玉米嗎？」農夫搖搖頭說：「沒有，因為我怕天公不作美，不下雨。」

那人繼續問道：「那你種了棉花嗎？」農夫擺了擺手答道：「沒有，因為我怕會有蝗災，害蟲會吃了棉花。」

那人很肯定地說：「那你一定種了西瓜吧？」農夫依然搖搖頭道：「沒有，因為我怕有水災，洪水會把瓜田淹沒。」

那人滿臉狐疑地問道：「那你究竟種了什麼？」農夫說：「既然種任何東西都有風險，為了保險起見，我什麼也沒種！這下任何災難我都不用怕了。」

船停泊在港灣是安全的，但這並非船的用處。人如果躺在沙發上就不會跌倒，但這樣活著還不等於死了？

人生最悲慘的不是死亡，而是活著時，內心卻死了

生命總夾帶著許多的不確定在前進，沒有什麼能保證你一定是對的。除非你一路走到最後，否則無法知道。我個人的了解是，對或錯、成或敗都不是重點，你踏上了路才是重點。在你踏出腳步的那一刻，就已經成長了。

生命的可貴就在這裡，我們不知道未來會發生什麼事，但依然樂觀地勇往直前。深情熱烈地去愛，或許會讓人受傷，但這也讓你成熟；離開熟悉安全的環境，或許危機重重，但就算失敗，至少你曾經勇敢嘗試過。

過錯只是暫時的遺憾，錯過才是永遠的遺憾。生命屬於勇敢的人；

懦弱的人只是麻木不仁地活著。懦弱的人一直猶豫不決，等他決定好的時候，已經錯過那個時機了。

當你年歲漸長，回顧過往，我可以向你保證，最讓你後悔、感傷不已的，是你沒有抓住的機會，還有那些你不敢面對的恐懼；這才是最大的遺憾。

所以，勇敢活出自己吧！生命的花朵綻放，才可以隨風搖曳，在陽光中或月光下跳舞，何苦把自己包覆在一顆種子裡？

人生最悲慘的不是死亡，而是活著時，內心卻死了。

樹枝的末端很危險，但所有的果實都在那裡。當你熱烈渴望某些東西，就得冒些風險。

南非前總統曼德拉說得對：「如果你的人生可以更上一層樓，而你卻甘於屈就，那麼你永遠不可能找到熱情。」

不管你正在經驗中，還是準備要經驗什麼，千萬不要停下腳步，不要因恐懼而停留。在你心中有個夢嗎？有沒有什麼是你一直想去做的事？那為什麼還不快去做呢？趁著年紀還輕，去嘗試任何的可能。否則，當你年紀漸長，你將裹足不前，哪裡都去不了。

〔所有都是好事〕

「為什麼不好的事會發生在我身上？」在失去某樣東西或發生什麼事情時，人們常會這麼問。但是，你又怎麼知道那不是好事？

凱文連續丟了兩份工作，他覺得自己很失敗、很挫折，直到他開了店，才發現自己的創意和成就感，而這快樂是過去那兩份工作所沒有的，如今他反而覺得很慶幸。

大家熟知的股神巴菲特也曾被夢想就讀的哈佛大學拒於門外，當時他感到很恐懼，怕父親失望。但後來他改申請哥倫比亞商學院，反而讓他遇到指導他投資心法、改變他一生的恩師。

再如，他從小就很怕在大眾面前說話，更曾在演講前因害怕而嘔吐。於是他報名參加演講訓練的課程。「沒想到，我竟用課程中學到的技巧成功追求到未來的妻子，」他說：「如果我演講技巧不是那麼差，可能就不會報讀該課程了。」

所以，判定事情的好與壞是沒有意義的。拿我個人來說，我上過好幾次當。我從壞夥伴、小偷、騙子和過錯中，學到許多東西。事實上，是他們讓我變得聰明謹慎。投資失敗讓我學會理財；跟女友分手讓我更了解感情，也讓我懂得經營兩性關係；健檢報告不正常，讓我改變飲食作息，也讓我現在的身體更健康。

現在我明白，所有事情「不論好壞」，都是上天的恩賜。

現在的掙扎最後變成你的長處

有個人在經歷了一連串失敗後，覺得人生無望，因而結束了自己的生命，並憤憤然來到上帝面前理論：「為什麼祢讓別人經歷了一次又一次的成功，而我卻沒有？難道我比別人差？」

上帝溫和地回答道：「沒有人會比另一個人差。每個人都是我造的，如果我把你造得比別人差，那不就是我的失敗了嗎？」

「那為什麼我沒有成功呢？」

上帝說：「因為你沒有善用我給你的資產啊！」

失敗者驚叫：「資產？祢可什麼都沒給過我。我的家境普通，完全沒辦法給我任何幫助；我的頭腦又不好，考不上一流大學；能力也不夠，進不了大企業；我的運氣更背了，進了十家公司，十家公司都倒閉。祢說，我的人生是不是失敗透頂，祢到底給了我什麼資產？」

上帝輕嘆一口氣，回答：「你以為失敗透頂的人生，就是最珍貴的資產！」

「什麼？」失敗者聽得一頭霧水。

上帝耐心地解釋道：「給你普通的家庭，是為了讓你學習自立；給你普通的頭腦，是為了讓你學會勤奮；給你普通的能力，是為了讓你學會務實；而那十家公司倒閉，也是為了讓你累積經驗。當大部分人都只懂得追求成功的時候，你已能深刻從失敗中體悟避免錯誤的方法。」

失敗者默默在心中咀嚼上帝的話時，上帝接著說：「你的失敗就是你的財富，而你本來可以利用這份財富的。可惜啊！是你自己太早放棄！」

失敗者聽完上帝的話，終於明白祂的苦心，但此時的他，再怎麼後悔，也無法讓人生重來了。

一條鏈子會從最脆弱的地方斷裂，人會受挫的地方，往往也是最需要學習的地方。

當身陷痛苦時，你抗拒掙扎，用盡心力想逃脫。但你是否想過，你努力想逃避的痛苦，會不會是神為你費心的安排？

也許出現在你生活中的問題，是來教你某些事情的；也許那是讓你把已知的智慧，拿出來實際運用的機會；也許那是藉此檢驗你的信念。下次當你遇到不好的經驗，先暫停一下，看看那個經驗能創造出什麼對你有益的事。

一旦了解所有發生在我們身上的事，無非都是用來成就我們的；只要明白這一點，你就會豁然開朗。

“

多數人在生命的盡頭回顧一生，都不後悔曾經有過的壞經驗，因為每一段經歷都讓他們從中學到點什麼。

所以，你所遭遇的一切都是好的——好事和壞事、幸運和厄運、幸福與不幸、成功與失敗……。到了最後，你會發現，所有安排都是「為了你好」；所有遭遇都對你有幫助。

沒有失色的過去，就不會有出色的你；沒有困頓的遭遇，也不會造就堅強的你；若沒有不好的經驗，就不可能成為現在的你。

”

PART 4

現在就要有所不同

時間是公平的，也是有限和不可回溯的。
所有生命中渴望得到的東西都是用時間換來的，
每個人都可以自由選擇要做什麼，
也可以什麼都不做。
想想看，如果你把時間都用在有價值的事上，
你的人生是不是會完全不同？

〔做人難，做自己就好〕

做人很難，是因為要顧慮別人的想法。

好人難做，是因為做了自己認為對的事，但別人卻不爽快。

要想兩者兼得更是難上加難。

有個爺爺帶著大媳婦和二媳婦的孩子出去玩，回途中，兩個孫子吵著要爺爺背。

爺爺為了公平起見，約定以路邊的路燈為準，每個孫子背三根路燈的距離。最後背到大孫子時，竟多出一根路燈，於是大孫子就被多背了一段距離。

二媳婦知道了這件事，心裡很不高興，認為爺爺偏心。爺爺得知二媳婦不悅，卻不動聲色，只吩咐媳婦去煮一鍋飯，再叫她們用飯各捏成一個人像。

二媳婦抓著飯，捏呀捏的，兩手沾滿黏黏的飯粒，就是做不成人形。二媳婦嘆了口氣說：「唉！這個人怎麼這麼難做呀！」

爺爺聽了笑道：「是呀！本來就是做人難嘛！」

俗語說：世上難事千千萬，最難還是做人難。做人難，就難在這「人」不是自己要做的，也不是為自己做，而是為別人做的。因為你不知道別人怎麼想，你也管不了別人怎麼想，每個人的想法都不同，一不小心便可能落入「順了姑意，逆了嫂意」或者「討好了土地，得罪了灶神」的窘境。

要去做對的事，不要當對的人

那該怎麼做？學習一件最基本的事：做你自己。做任何你認為「對的事」，永遠不要迎合別人，那是一種乞討的行為。一個人為什麼要看人臉色？為什麼要一味討好別人？

有一次孔子的學生問他：「如果全村的人都很喜歡這個人，你覺得這個人怎樣呢？」

「這還不夠好。」孔子回答。

「如果全村的人都不喜歡這個人，你覺得這個人怎樣？」

「這還不十分壞。」孔子回答，並解釋道：「不如村子裡的好人都喜歡他，壞人都不喜歡他。」

我完全同意。我們要去做對的事，不要當對的人；不要當濫好人。

別人認為你如何，那是別人的看法，並不重要，如果你確信自己是對的，又何必擔心別人會怎麼想？

那什麼是對的事呢？很簡單，任何符合你本性的就是對的，與你本性不合的就是錯的。這很容易分辨，只要做你自己就對了。

我認識一位護士，剛結婚的時候，她先生曾告訴她「做媳婦的該如何如何」，譬如，嫌她個性急，說話太直，不會看人臉色，要她改一改。沒想到，才改沒多久，公婆就覺得她怎麼說話拐彎抹角，還懷疑她有心機。後來她回絕先生道：「不，這才是真實的我啊！」先生看她既然改不了，索性就照單全收。偶爾她「發作」起來，先生還會打趣道：「嗯，我老婆是快意恩仇的俠女！」

你看吧，既然好人難做，何不做自己就好！

”

在你周遭有很多人都期待你做這個、做那個，如果你試圖去滿足所有人，那你將陷入深深的不滿，因為你無法讓所有人都滿意，那是不可能的。一旦你致力於滿足別人，你的每一個行動都將會失敗，即使你得到肯定，你還是失敗，因為你的內在永遠是失敗的；你或許讓周遭的人都滿意了，但你不可能因此滿足，因為你並沒有活出自己。

為什麼不做自己呢？

“

〔請把自己當一回事〕

在朋友的喜宴上，我和一位學弟被安排在同一桌，才寒暄了幾句，他便突然問道：「可以跟你到外面談談嗎？」我回答說：「好啊！就等宴會結束後吧！」

沒想到宴會才進行一半，他隨口就把心裡的話說出來了。他說：「我需要有人給我指點。我們科裡的同事老把沒人要做的事丟給我，還有些人對我處事很不滿，再加上老闆最近交代我一件新工作，但我不知道自己適不適合，我實在不曉得該去問誰，又該讓哪些人滿意？」

「你應該問你自己！」

他一臉疑惑，「什麼意思？」

「你不是說你不曉得該讓哪些人滿意？那誰又該讓你滿意呢？」

「我、我不知道啊，我沒想過這個問題。」他聽完愣了一下，然後說：「有時候我真的很氣，我已經做到這樣了，為什麼他們還不滿意……」

聽他滿腹牢騷地說個不停，我很坦白地告訴他：「表面上你氣別人虧欠了你，但其實你是氣自己不夠尊重自己的需求；你必須先學會尊重自己。」

「尊重自己？」他顯得有點洩氣，「我怕沒人會把我當一回事！」

「那請你把自己當一回事。」我說。

你只能以自己值得的方式被對待

軟弱的人經常無法拒絕別人不合理的要求，而這種無法拒絕的沮喪感，不僅讓自己委曲，更由於處處迎合，使別人有一種印象——任何不合理的事情或要求，都可以去找他。就像俗話說的：好馬被人騎。這種不被尊重的感受，又再次降低自我價值。

所以，當你有任何物質或心理上的需求時，必須表達出來，讓對方知道。當對方過度要求你犧牲時，你也有權拒絕。如果你軟弱了，犧牲掉自己，不只貶損自我價值，別人也很難帶著尊重或感激的心情對待你。

有位董事長送給年輕人一套亞曼尼的西裝，由於年輕人不了解其貴重，所以剛開始只把它當成平常上班的衣服，後來當他了解這套衣服的價值後，就改成只在重要場合穿。即使再有價值的東西，落到不了解的人手裡，就不可能顯現任何價值，也不會珍惜。

明白了嗎？你必須先看重自己，重視你的價值和內心深處的感覺，別人才會重視你，珍惜你。

別人會怎麼對待你，最終還是取決於你。

美國歌手瑪丹娜說得對：「很多人不敢講出自己要什麼。就因為這樣，他們才得不到想要的。」

你只能以自己值得的方式被對待，那你值得別人如何對待你呢？就看你怎麼對待自己，別人也會怎麼對待你；對方會從你的身上學到與你相處的模式。

如果別人看輕你，那是因為你沒看重自己。

如果別人從未好好愛你，那是因為你從未好好愛過自己。

如果別人從不在乎你的需求，那是因為你從不說出自己要什麼。

所以，當你不喜歡某人怎麼對你，別一味責怪對方，你自己也脫不了干係。

〔就是說不〕

「不」這個字恐怕是我們生活中最重要，也最難以啟齒的字彙。

你是否會因為怕得罪人，而接受不想做的差事、答應無理的要求？怕不夠義氣，冒著風險也要為朋友兩肋插刀？怕違逆別人的好意，只好勉為其難去赴約，參加無聊的聚會？

有一陣子，我忙得不可開交，不是開會就是聚餐，幾乎每天都參加各式的邀請和活動，根本沒時間寫作。有幾次我想改變，卻沒隔幾天又回到老樣子。後來，我決定分析自己的問題所在，才發現原來是我不會說「不」。

說「不」有什麼難的？你可能會覺得訝異。沒錯，說「不」是不難，真正讓我說不出口的是，怕拒絕別人的熱情和好意，怕自己太酷太冷漠太沒人情味。所以我常會「以退為進」地說：「讓我再想想看。」或「過幾天再回覆你。」但這種處置後來反而讓自己「進退兩難」。

有天，我跟一位朋友談到這個進退維谷的窘境，結果他還真是開門見山，「你會陷入這種窘境，主要是因為你不讓人一次就死心，還讓人懷抱希望。這等於把人吊到半空中，不但自己無法放下，最後還會讓人摔得更重。」

我客觀思考他的話，說得一點都沒錯。我可以用一個「不」字拒絕，而不必花時間找藉口，這樣不但做不了別人要我做的事，也無法將自己重要的事做好。

還沒承諾前你是主人，承諾之後你就變奴隸

實話實說，不行就不行，不想就不想，任何你不想的事，Just Say No，就是說不，同時也接受別人對你說不。如果大家都懂得互相尊重，事情不就簡單多了嗎？

甘地曾說：「真誠說『不』比為了討好或怕事而說的『好』更有力！」還沒承諾前你是主人，承諾之後你就變奴隸。當你過度承諾而做不到時，你必須一直背負著那個重擔，為它苦惱。何苦呢？

有人擔心拒絕會讓自己失去朋友或關係生變，這得看你想要的是什麼樣的朋友或關係。想想，如果你拒絕不想做的事就做不成朋友，那他是真的朋友嗎？你想繼續維持這種關係嗎？

我的經驗是，如果你忠於自己的感覺，真正的朋友會一直都在。同

樣的，如果你放棄自己的想法，那虛假的朋友也會一直都在。

曾看過一則報導：有個年輕人很講義氣。有天，他一位做流氓的朋友與幫派份子有了些麻煩，要這個年輕人出馬相挺，幫他助助威風。他本來不想去，知道這不是什麼好事，可是「朋友」請他去，他不好意思拒絕，於是就去了。去了以後，情況一下子失控，雙方打了起來，結果他無端被捲進這場廝殺，送了性命。

這是義氣或勇氣嗎？不，沒有判斷力的義氣就成了匹夫之勇。

君子有所為，有所不為

我想起一則笑話：

在一場聯合國的軍事演習中，美國、蘇聯和義大利三國將領在討論什麼是勇氣。

蘇聯將領獨排眾議，咆哮道：「讓我來告訴大家什麼叫真正的勇氣！」

他叫手下一個士兵爬上電線桿，然後命令他：「跳下來。」士兵立刻跳下，接著就被抬去急救。

美國的將領看了，也不甘示弱地向部屬大喊：「表現給他們看什麼是真正的勇氣，爬上那個電線桿，然後背對著跳下來。」一位士兵照辦後，同樣渾身是傷地被抬走。

義大利將領對美國和蘇聯的將領說：「你們這都不算什麼，現在讓我的戰士表現給你們看！哈囉，這位弟兄，爬上那個電線桿，然後後空翻兩圈，記住，要頭先著地。」

士兵瞪大眼睛對著將領大叫：「要跳你自己去跳！」

隨後，義大利將領驕傲地說：「看到了吧！這才是真正的勇氣。」

有道是，君子有所為，有所不為。這個「不為」就是拒絕。人們常以為拒絕是一種迫不得已的選擇，殊不知勇於說「不」才是真正的勇氣。

說「是」或「不」，不只代表個人的意願，還牽涉到原則問題。

任何一件事或一個觀點，當你說「是」的時候，就表示你贊成、同意；說「不」的時候，就表示你反對、不同意。

更明白地說，你對一件事情說不的時候，人們就知道你是有原則的人，就知道你的原則是什麼。當他們以後有事找你時，你若說不，他們也不會生你的氣，因為他們知道你就是這樣的人。可是如果你平時什麼事都說是或好，卻在某事上說不，就很容易被誤解或得罪人。

成功的人不僅要在說「是」時讓人感激你，還要在說「不」時讓別人尊重你。

〔不愛了就勇敢放手〕

每個人一輩子往往不僅結交一個情人，每個情人若不是最後一個，大概都免不了經歷分手。然而既是情人，沒有愛也有情，要分手並不容易。該何時分？如何分？以及分手後怎麼勇敢走下去？都是很重要的課題。

曾經海枯石爛，抵不過一句好聚好散！

什麼時候該把關係放下？

當戀情走到兩個人已無話可說；

當看不到兩個人的未來；

當你覺得自己心不在對方身上；

當你無法放下對方犯的錯；

當你發現對方移情別戀；

當對方開口提出分手……

人在一起是種緣分，不過當緣盡時，還勉強在一起，卻可能連情分都耗盡。與其互相折磨，不如快刀斬亂麻，勇敢地分手。如果你只是不想當壞人，或怕對方受傷害而隱瞞，甚至不告而別，非但無法減輕傷害，最後還要背負一條欺騙的罪名。不想傷害任何人的人，往往傷透了所有人。

反過來說，對方提出分手雖讓人難過，但也不該因此否定過去兩個人的愛，甚至心有不甘地報復。苦苦糾纏除了自貶身價，還會讓對方更厭棄你，讓對方覺得分手是對的。所以，不如好聚好散，灑脫地鬆手，讓記憶裡留下美好。

失去愛，是為了學習愛

有個人在行駛的火車上，不小心把剛買的新鞋從車門掉了一隻出去，周圍的人都為他惋惜，不料那人立即把第二隻鞋也扔了出去，讓人大吃一驚。

那人解釋道：「這一隻鞋無論多麼昂貴，對我來說都已沒有用了，如果有誰撿到這雙鞋，說不定還能穿呢！」

是啊！與其緊抓著一份殘缺，不如給人祝福，讓自己尋找更好的幸福。

人總要往前看，走過的路，愛過的人，過去了就不會再回來，回來也已不是當初的感覺了。浪費時間在孽緣上真是浪費生命，還不如用來尋覓那個真命天子。

人生旅途中，景色宜人的地方不止一個，他處風景也許更迷人。也許在不久的將來，你就會在人生的下一個路口碰到更美的風景、更好的人；也許有一天你會發現離開他是明智的選擇；也許有一天你再去想那個人，卻發現怎麼也想不起來了！

失去愛，是為了學習愛。你並沒有失去前面的感情，因為失去所愛能讓你學到什麼是愛，並從中認識自己。如果你能這麼看待，那這段感情就不是失去，而是獲得。

沒有結束，就沒有新的開始。勇敢的你，不愛了就勇敢放手吧！

如果你不愛一個人，請放手，讓別人有機會愛他；如果你愛的人放棄了你，請放開自己，讓別人有機會愛你，或讓自己有機會愛別人。

愛是兩人希望在一起，也是一種在緣盡時能夠放手的勇敢和氣度。即使失去了感情，也沒必要連那個人、那段關係所賜給你的禮物都一併失去。

遇到曾經愛過的人，要記得感謝他們，是他們讓你更懂得愛；遇到曾經傷害你的人，也要感謝他們，是他們讓你更加堅強。

就算你無法感謝也不要眉宇深鎖，因為你不知道誰會愛上你的微笑。

〔聽從內在的聲音，跟隨自己的本性〕

人有個共通點，就是：大家都不一樣。

但怪的是，大家都在做同樣的事：想跟別人一樣。

我問過許多小孩，每個小孩都說將來要當醫生、律師、明星、企業家，或要像周杰倫、林書豪。

也常聽到父母師長責備孩子：「你怎麼不像某人一樣文靜乖巧？」、「怎麼不像某人一樣，每科都拿一百分？」這等於否定了每個人的本性。沒錯，好的榜樣可以激勵我們奮發向上，展現同樣的優點，但這些優點應該用自己的方式表達出來。

俗話說：一樣米養百樣人。有人內向文靜，有人善交際；有人喜歡唱歌，有人擅長讀書，有人適合做生意……。上帝對每個人都有不同的安排，你要活出自己，而不是別人。因為不論你做什麼，若違反本性，不但難以成功，更不可能快樂。

記得美國流傳著一個故事：

兔子、烏龜、松鼠、鳥一起開會，決定要成立一所教育學院。當他們進一步討論要開什麼課程時，兔子說要教「跑」，鳥說大家一定要學「飛」，結果烏龜爬到樹上要學飛卻摔傷了，不但飛沒學成，連爬的才能也毀了。

如果你想活出自己，就必須知道自己想要什麼

人生在世，受制於他人的實在太多、太大。許多人一直沒有扮演自己，他們扮演的是父母眼中的自己；師長朋友眼中的自己；長官老闆眼中的自己……。窮其一生，他們不斷在追求別人的認同。

我並不是說扮演他人眼中的自己有何不好，只是想提醒大家，如果你想活出自己，就必須知道自己想要什麼。莊子說：「你見到筆直的木頭時，不會想拿它來做車輪；同理，看見彎曲的木頭時，也不會拿它來做屋梁。因為你不想扭曲它們的本性，寧願順應本性以盡其用。」

打個比方，假如周杰倫自幼生長在一個書香世家，但他不愛讀書，卻又不了解自己要什麼，他就會書讀得很辛苦，成績也乏善可陳，而他的人生就只能活在挫折當中。但他如果了解自己喜歡寫歌、玩樂器，知

道自己要的是創作音樂、作詞編曲、出唱片，那他就不會因為自己書讀不好而感到自卑或挫敗。

做你自己，有誰比你更有資格？

常有讀者寫信來問：「自己想學什麼，想從事某個工作，卻與父母期望的衝突，該如何是好？」

「你應該聽從自己內在的聲音，聽聽什麼才是你想要的，並據此行動。」我總是這麼回答。寧可在你喜歡的事物上失敗，也不要在你不喜歡的事物上成功。

發現自己要什麼，是你的責任，因為沒有人能夠代替你，也沒有人比你更清楚自己。哲學家紀伯倫說過：「帶我們來到人世的雖是父母，但最終要為我們負責的人還是自己。」這跟你孝不孝順無關，因為生命是屬於你自己的。

有時父母的許多問題是來自價值觀的扭曲。我們衡量自我價值時，總是捨本性而強調成就。我們實在應該支持孩子打破成規，去幫助孩子發現自己的潛能，而不是我們的期待。即使他們的計畫與我們的有所衝突，基於愛，我們也應該支持他們跟隨自己的本性。

就像在演奏會上，大家必須演奏好自己的部分，而不是別人。若我們不演奏自己擅長的樂器，或是認為別人的樂器更好，那有可能表現傑出或樂在其中嗎？

人來到世上就是要活出自己。有研究指出，當人覺得自己跟別人太像時，很容易就會情緒低落，並試圖以各種方式突顯自己。假如你曾在宴會上看到有人穿的衣服或提的包包跟你一模一樣，就會知道那有多洩氣。

美國汽車大王亨利・福特（Henry Ford）說：

「所有的福特汽車都是一樣的，卻沒有兩個人完全相同。……年輕人應發揮自我的獨特性，使自己與眾不同，並發展出個人的價值。社會與學校可能意圖消滅個人特性，總希望每個人都像從同一個模子裡鑄造出來一樣。但我認為，絕不要失去自己的特性，因為那是你真正重要的地方。」

沒錯，做你自己，還有誰比你更有資格？

〈做你害怕的事，害怕就會消失〉

小時候住在鄉下，一到天黑屋外就伸手不見五指，很怕出去上廁所。如果想上廁所，都會找弟弟一起去，如廁後再飛奔回來。白天和黑夜其實無異，但為什麼夜晚走在路上會怕？這害怕是從哪裡來的？是從內心，對嗎？

一個年輕人怕獨自走夜路。父親問他：「你怕什麼？」年輕人回答：「怕黑。」父親問：「黑為什麼可怕？」年輕人回答：「像有鬼似的。」父親問：「你見過鬼嗎？」年輕人笑答：「沒有。」父親問：「那麼，現在你敢獨自走夜路了嗎？」年輕人低頭：「不敢。」父親問：「還怕什麼？」年輕人回答：「路邊有個墓園。」父親問：「墓園裡有什麼聲音或鬼火之類的嗎？」年輕人回答：「有蟲叫，沒鬼火。」父親問：「白天的蟲叫與夜裡的蟲叫有何區別？」年輕人終於回答不出來了。

恐懼是內心的想法，是我們自己的想像，人真正害怕的其實是自己的想法。

真正讓人害怕的是害怕本身

每次我要去做沒做過的事，就會緊張害怕。我還記得第一次騎馬、第一次跳水、第一次幫病人動手術、第一次主持會議、第一次接受記者採訪、第一次演講、第一次上電視、電臺……，每次我都覺得恐懼，因為我會想像可能發生的各種狀況，然而每次我把事情完成，心中的恐懼便奇蹟似地消失。

恐懼不是真實的。當有人告訴一個小孩說他床底下躲了一個惡魔，會把他吃掉，他可能會被嚇得雙腳發軟。當他母親開燈讓他看清楚根本沒有什麼惡魔時，他便不再懼怕。

其實，我們的恐懼並不是來自鬼，而是出自內心，因為那分恐懼才有鬼的出現。簡單地說，人生當中並沒有恐懼，是我們把恐懼帶入人生裡。

從前，有個和尚，一生奉行戒律。有天夜裡，他走在路上，忽然覺得腳下踩到一樣東西，而且還發出聲響。他覺得那是一隻蝦蟆，而且蝦蟆的肚子裡還有無數的小蝦蟆，越想心中就越懊悔。

晚上睡覺，他夢見數百隻蝦蟆來向他索命，和尚因此害怕得不得了。

天亮後，他又回昨夜踩到東西的地方察看，發現原來踩到的是一條老茄子，和尚的疑慮頓時消失。

原來，真正讓人害怕的是害怕本身。

如果你不敢面對，就得一生一世躲著它

我完全贊同愛默生的話，他說：「做你害怕的事，害怕就會消失。」人為什麼會恐懼？不要去探討原因，要直接面對那個恐懼。如果你怕到顫抖，就顫抖吧，不用解釋，不用找任何理由，直接去做你害怕的事。甘地年輕時是個律師，他接手的第一個案子曾讓他緊張得舌頭打結，法庭裡所有人都在笑他說的話；芭芭拉・史翠珊優美的歌聲在樂壇中獨樹一幟，但因為她害怕當眾演出，所以很少舉辦演唱會。如果你常

讀偉人傳記，就會發現他們不是天生偉大，而是在學習克服恐懼的過程中，得到力量。

勇敢就是做你害怕做的事；如果沒有恐懼，也談不上勇敢，不是嗎？

生命中總有許多大大小小的恐懼，阻擋我們向前邁進的腳步。克服這些恐懼的唯一方式，就是勇敢面對，這是最困難的，卻也是唯一能做的事。一次有勇氣的行動可以產生無比的自信，此後你便能大聲說：「我已克服了恐懼，還有什麼我無法面對的挑戰？」

反之，如果你繼續猶豫膽怯，不敢面對，就得一生一世躲著它。

你害怕什麼？試著把你害怕「如果……怎麼辦」改成「如果……又怎麼樣」；

把「如果他不高興怎麼辦」改成「如果他不高興又怎麼樣」；

把「如果輸了怎麼辦」改成「如果輸了又怎麼樣」；

把「如果遇到鬼怎麼辦」改成「如果遇到鬼又怎麼樣」。

把你的恐懼當成探險，讓自己學會輕鬆看待問題，你就會發現事情並沒有你想的那麼糟。

在一個月黑風高的晚上，大師跟往常一樣，獨自到山林裡散步。一位弟子忍不住問他：「你不怕遇到鬼嗎？如果碰到厲鬼的話，怎麼辦？」

「跟他拚命啊！」

「如果輸了怎麼辦？」

大師笑答：「那又怎麼樣，頂多跟他一樣罷了！」

所以，你怕什麼？

〔沒有任何藉口〕

「要為成功找方法，不要為失敗找藉口。」當我看到同仁和學生績效不彰、成績退步時，我總會這樣跟他們說。

在我擔任主管這麼多年，常常看到許多年輕人，雖然擁有很好的能力，卻缺乏強大的執行力，到了最後常變成「雷聲大，雨點小」。原因其實很簡單，因為每件事情開始執行後，會遇到各種困難與挫折，必須以堅定的意志力去克服，但多數人都會退縮與逃避，並為自己找個無法執行的理由與藉口，最後往往不了了之。

不是「能不能」，而是「願不願意」的問題

聽聽下面的話：「我沒時間。」、「我以前沒做過。」、「太趕了，我來不及。」、「我頭腦不好，記不得。」、「事情太多，我不知從哪裡著手。」、「我沒有錢。」、「我沒有人手。」、「對手太強。」、「對方太挑剔了。」、「那不是我的責任。」

是不是很熟悉？這類陳述通常具有某些真實性，但多半也是藉口。怎麼說？

你這樣反問自己就知道：「如果這件事攸關性命，你會做嗎？」或問：「如果給你一千萬，你做不做？」答案如果是肯定的，顯然就不是你「能不能」，而是「願不願意」的問題。

為自己找藉口，將責任歸咎於自己以外的人或其他因素，雖然能

讓我們暫時逃避困難和責任，覺得「心安理得」，因為這件事情和我沒有關係，我已經盡力了；但事情並沒有解決，反而顯示自己「無能為力」。

曾讀過一本書，作者費拉爾・凱普（Ferrar Cape）是畢業於西點軍校的美國前海軍陸戰隊指揮官，他將西點軍校的傳統寫成一本書：《沒有任何藉口》。

在這本書中，凱普不斷強調西點的校訓「沒有任何藉口」，要學員想盡辦法完成每一項任務，而不是為沒完成去尋找藉口。他認為找藉口，其實是推卸責任、自我安慰與自我欺騙的方式；是內心懦弱、缺乏自信的表現。一旦養成「找藉口」的習慣，就注定了一生「失敗」。就像牛頓說的：「既然失敗的原因來自別人，那麼成功的功勞當然也應該屬於別人。」

「沒有任何藉口 No Excuse」這一口號被西點人不斷發揚光大，建校以來，西點軍校為美國培育了三位總統、五位五星上將，以及無數將軍和精英人才。在世界五百大企業中，就有一千多名董事長、兩千多名副董事長及五千多名總經理出自西點。

永遠不要讓問題成為逃避的藉口

我常聽學生說，沒冷氣無法讀書，沒網路無法查資料。但由單親爸爸撫養長大的師大附中資優生高均，她的家庭經濟不佳，沒有冷氣，也無法上網，一樣拿下該校第一類組的榜首。看她的例子就知道，這些都是藉口。

物理學家史蒂芬・霍金（Stephen Hawking）被診斷出肌肉萎縮症

時，醫生都束手無策，只說他的病情會不斷惡化，也許只能再活數年。

他有自怨自艾嗎？沒有。他說：「我曾經夢過幾次，犧牲自己來拯救他人。畢竟，若我無論如何都要死去的話，希望可以有一點貢獻。」他憑著堅毅不屈的意志，不但戰勝疾病，還發表許多偉大著作，包括《時間簡史》、《黑洞與嬰兒宇宙以及相關文章》等，成為當今最傑出的科學家。

相較許多人因身體不適，或一點挫折就自暴自棄，是否覺得慚愧？

再想想林書豪吧！在那個只有黑人與白人的職籃球場裡，他是如何脫穎而出？他就是堅持理想，不斷證明自己的實力，最後成功地宣告世界，除了「姚明的身高之外，我也可以！」

我知道在證明自己的過程中，會遇到許多困難，就跟一般人一樣。但請你牢記這句話：永遠不要讓問題成為逃避的藉口。

你的人生只能有兩件事：藉口或是結果。

以下五個問題可以檢視你的藉口，並幫助你得到好結果。

一、你常掛在嘴邊的藉口，是千真萬確的嗎？

二、藉口給了你什麼樣的心理回報？

三、你能想像不再用藉口來推託責任時，生活會有什麼不同嗎？

四、能想出一個改變自己的好理由嗎？

五、一旦你成功擺脫藉口，你該如何持續堅持下去？

要讓一輛汽車加快速度，你不斷在車身上打臘是沒有用的，重要的是踩下油門。要提出結果，而非藉口。

〔你還在等什麼？〕

「明天再做吧！」想必許多人常對自己說這句話。儘管最後期限就迫在眉睫，還是提不起勁來，每次都等到最後一刻，才急急忙忙趕在期限前完成。

身為一個作家，我對拖延有深刻的體悟——熬過無數個夜晚，趕在報章雜誌的截稿日前交稿，要答覆讀者的信還擱在那裡，計畫的下一本新書遲遲未動筆。

除了親身的經歷外，我在生活中也接觸過不少習慣拖延的人。他們覺得自己陷在不快樂的工作和感情中，卻遲滯不動；他們懷疑身體有毛病，卻拖著不去體檢、就診；他們說明天或下週就開始節食、運動；他們無法按時付帳單，還常繳滯納金；他們想向某人表白、想打電話、說要帶家人去度假，卻一延再延。

拖延，不但讓我們把該做的事壓在心裡，也讓我們的人生不斷延後。

拖延，不但問題還在，更會增加焦慮感

為什麼要繼續拖延？

最常見的原因是，拖延可以讓你逃避不樂意去做的事。那些事可能是你不敢做，或是不怎麼想做的事。只要拖延，就不用面對，可以繼續保持現狀，也因此免於改變及改變所必須承受的負擔和風險。

這當然是自欺欺人。聽聽這則笑話：

老張因身體不適找醫生做全身健康檢查，幾天後醫生打電話告訴他：「檢查報告出來了，我有壞消息和更壞的消息要告訴你。」

一頭霧水的老張忐忑不安地問：「壞消息和更壞的消息？那，壞消息是什麼？」

「你只剩二十四小時可以活，」醫生告訴他：「實驗室的報告一清二楚。」

震驚中，老張滿心煩悶地問：「二十四小時？那……更壞的消息是什麼？」

「噢，這個嘛，」醫生不好意思地說：「我昨天就應該打電話給你的。」

事實上，我們拖延，不但問題還在，更會增加焦慮感；而越是焦慮，就越會繼續拖延，如此周而復始。這也是許多人倍感壓力和難以放鬆的主要原因。

任何今天可以做的，就不要拖到明天

唯有當一件事完成了，你才能放下它，否則它會一直懸在那裡。

比方說，你在寫一份報告，除非那份報告完成，否則你無法忘掉它；如果你想到某個地方旅遊，除非你已經去過，否則將無法忘懷；如果你心裡有話，除非說出來，否則它會繼續縈繞著你。

你是否注意過，你的夢是怎麼來的？你想過為什麼你的心裡會懸著一大堆事嗎？沒錯，任何未完成的事都會懸在那裡，迴盪在你心裡、你的夢裡，成了「未了情」，等待被完成。

你有什麼話沒說出來或是有事情沒解釋清楚嗎？你有什麼想做的事卻還沒去做嗎？有什麼擱在心裡的夢想嗎？

不要再等了！想做的事，就快去做；想說的話，別壓在心裡；有什麼夢想，就趕快去實現。任何今天可以做的，就不要拖到明天。

等待不能增強你的能力和信心，更不能讓你無中生有

有句話說得好：「成功不會因等待而來臨。」

人們常以為必須等到適當的條件和好的時機才能採取行動。怠惰的人會說，等到我有足夠時間就會去做；沮喪的人會說，等到我有足夠的信心就會振作；膽怯的人會說，等到我有足夠的能力就會行動。

事實上，每項新的技能和成果都需要一定的時間才能達成，等待並

不能縮短時間，也不能增強你的能力和信心，更不能讓你無中生有。

時間是公平的，也是有限和不可回溯的。所有生命中渴望得到的東西都是用時間換來的，每個人都可以自由選擇要做什麼，也可以什麼都不做。

想想看，如果你把時間都用在有價值的事上，你的人生是不是會完全不同？

再想想，若能盡快完成那些拖延的事，生活會有多精采？心情會有多輕鬆？

所以，你還在等什麼？

既然非做不可，何不及早完成，擺脫這個負擔？

以下提供幾個簡單的解決方法：

一、開始去做就對了：萬事起頭難，一萬公里的旅程也是從第一步開始的，有了第一步，才可能有下一步。只要你開始行動，就不必再找藉口，不必承擔拖延的心理壓力。

二、只要幾分鐘就好：先不求多，許多事往往只要起了頭，就有動力，既然已經做了，不如把它做完。通常等到實際去做，才發覺事情沒有想像中的困難或令人討厭。

三、目標細分：把你拖延的事情分成幾個階段，並排定每個階段的完成時間，這樣就不會因為期限還早而提不起勁。

四、降低期望：你要完成的不是一件必須完美的任務，而是一個需要你完成的任務；只要盡力就好。

五、給自己獎勵：每完成一部分工作，就去做有趣的活動，也許是享受一頓美食、看一場電影或是休息一段時間，重新累積能量。

〔改寫你的生命故事〕

曾讀過一則報導，內容是敘述生長在貧窮家庭的兩兄弟，由於長期受到酗酒父親的虐待，最後他們選擇離開家裡，各自出外奮鬥。

多年後，他們受邀參與一項針對酗酒家庭的研究，這時哥哥已成為滴酒不沾的成功商人，而弟弟卻成了和父親沒有兩樣的酒鬼，生活窮困潦倒。

主持這項研究的心理學家對他們的際遇相當好奇，忍不住問他們：「為什麼你最後會變成這樣？」出乎眾人意料的是，兩人的答案竟然一樣：「有這樣的父親，我還能有什麼辦法？」

同樣的經歷，卻有不同的結局，為什麼？

因為「故事」不同。人其實是透過自編、自導的「故事」來演繹自己的人生。

引述《人生，要活對故事》作者洛爾（Jim Loehr）的話：「所謂的『故事』，是指我們創作出來，說給別人和自己聽的事，這些事構成了這輩子我們所知的唯一現實。」你怎麼述說自己的故事，就有怎樣的人生。

你的人生就是你的故事，你的故事就是你的人生

既然這樣，大家不免要問：「為什麼有這麼多人喜歡講自己悲慘的故事？為什麼一直握住痛苦的故事不放？」

因為悲慘的故事可以為自己的問題和責任解套。「我真苦命……」、「我真倒楣……」、「你知道我有多痛苦嗎……」有成千上萬個故事，每個人都希望自己的被聽到：「如果沒有不負責任的父母、沒有始亂終棄的男友、沒有生這場病；如果沒有被冷落、被毆打、被遺棄、被輕視，今天的我就不是這樣！」

要是他們身體健康、生活無虞、婚姻美滿、平安順利，他們憑什麼抱怨。不能了，對嗎？所以人們一再述說「可憐的我」的故事，並竭盡所能證明那都是真的。

然而當故事成為我們的身分，就會被定型，就像某個女演員，出道時接連演了幾次苦命女，以後要想改變戲路就很難了。你的故事將變成你的真實人生，每耽擱一天，都會加深並延長這個故事對你的掌控。

當時的經歷與當下的人生並不相干

曾讀過兩個孤兒的故事，內容是這樣的：

有兩個亞洲孤兒分別被歐美外交官家庭收養。長大後，男孩成了成功的商人，女的當上老師。這兩人都讀過美國知名的大學，可是在他們之間，卻存在一個最大的差別：一位覺得自己很幸運，另一位卻覺得自己很不幸。

碰巧有一天，他們兩人和朋友一起出去吃晚飯。聊著聊著，女老師開始說起自己多年來遭遇的不幸。她說她是可憐的亞細亞孤兒，被領養到遙遠的國度，覺得非常孤獨。

剛開始，大家都表示相當的同情，可是，隨著她的怨氣越來越重，那位商人終於忍不住說：「妳一直講自己有多不幸，但妳有沒有想過，如果妳的養父母當初在成千上百的孤兒中挑了別人會怎樣？」

女老師直視著商人：「你有所不知，我不開心是因為……」然後，她繼續描述自己遭遇的悲慘故事。

「我不敢相信妳還這麼想，我記得自己年輕時，也無法忍受周圍的世界。我很傷心無奈，也相當沮喪，就跟妳現在一樣。」這個商人說：「後來，我反過來想，自己何其幸運，不必像真正的孤兒那樣度過悲慘的一生，還能接受非常好的教育。我們應該反過來幫助那些更悲慘的人，而不是顧影自憐，自怨自艾。」

女老師深感震驚，這是第一次有人直接否定她的「人生觀」，也打斷了她的「老故事」。

人活在悲苦中，並不是命定要活在悲苦，而是他們不了解自己有選擇的自由。事實上，你是完全自由的，因為當時的經歷與當下的人生並不相干。

我要說的是，你可以用自己希望的樣子活出自己。我們每個人都在自編、自導、自演自己的人生，如果你不喜歡現狀，不想繼續「卡」在過去，就「改寫你的生命故事」，這就叫做「重生」。

想想看，你是如何走到現在這個樣子？你喜歡現在的自己嗎？你喜歡這樣的人生嗎？

每個人都在寫自己的故事，人生只是你創作的背景和舞臺，至於要怎麼演出，全看你自己。你可以成為勇者，也可以成為弱者；可以從磨難中成長向上，也可以向下沉淪；可以悲劇收場，也可以喜劇收場；你既是導演，也是主角；你可以改變故事情節，甚至決定整個結局。

從現在起，把自己的人生視作新的章節，你希望內容如何，期待怎樣的故事，就照你想要的樣子去活。

〔以歡喜開放的心來面對這一切〕

每天，生命都會給我們許多不同的體驗，如果你想要某種體驗，而不想有其他體驗，就會產生許多痛苦與煩惱。因為無論你接不接受都一樣，事實都不會改變。

如果下雨，就是下雨了；如果生病，就是病了；如果愛已不存在，那它就不復存在，你無法跟事實抗爭。如果你接受它，內心就會感到平靜；如果你排斥它，就會感到痛苦。那是你自己創造出來的，因為你沒辦法接受已發生的事。

會煩惱恐懼，是因為你想避開不愉快的經驗；會挫折失望，是因為你想得到不一樣的結果；會悲傷沮喪，是因為你不接受已發生的事，你拒絕真相。不管你抗拒的是什麼，它就成了你的痛苦。

把生命當成一支舞蹈，而不是摔跤

學習人生的課題並不是為了讓人生變得完美，而是學會如何樂在人生的不完美。

就像不倒翁，任憑你如何擺弄，它都不會傾倒；儘管你使力把它推倒，也會馬上恢復原來的姿勢。據說這原是達摩祖師在某家寺院打坐的坐像，後來日本高僧來中國參觀，聽說這神奇的事情，回到日本後，用木頭做了一個達摩像，並把底部削圓，結果不管怎麼推都不會倒，所以日本人更稱他為「達摩」。

有時候，我們會碰到一些人，覺得他很幸福，不知道他為什麼可以活得這麼美好，而心生嚮往。其實，這分幸福往往是接受不完美所帶來的，就像不倒翁一樣，既然我們無從避免不完美發生，何不以「隨緣」的態度來面對——把生命當成一支舞蹈，而不是摔跤。

依你情況，傾你所有，盡你所能

曾看過一個節目，採訪美國影星凱文・科斯納。主持人問他對自己生涯起落有何感想，他回答道：「我在體驗人生。」

我覺得這回答頗有深意。本來人生有起有落，一旦到達峰頂自然就會往下走；每個看似低的起點，都是通往更高峰的必經之路。我們要做的只是去體驗而已；去學習如何與現實共處，並在其中得到平靜喜悅，而不是判斷經歷的好壞或否定、抱怨。

所以，不要把生命變成一個問題，生命是來豐富我們的。苦是美麗人生的一部分，樂也是美麗人生的一部分，為什麼要去取捨？哭也要面對，笑也要面對，為什麼不微笑去面對？

你可能不夠美麗，但你可以表現亮麗；你可能沒達到第一志願，但你仍有許多可達成的心願；你可能買不起想要的車，但也別因此放棄想要前往的地方；也許你失去想要的愛，但別因為憂傷而忽略了關愛你的人；你可能走錯了路，但別忘了欣賞沿途的風景。

生命的每一個過程、每一個際遇，不可能都是美好的，但你可以讓它們變得美好。

勇敢接受悲歡離合、喜怒哀樂交錯的生命，做你現在正在做的事，受你現在所受的苦，以歡喜開放的心來面對這一切。引自羅斯福總統的話：「依你的情況，傾你所有，盡你所能。」那麼人生就沒什麼好遺憾了。

生活有酸有甜，才有體會；心情有悲有喜，才叫豐富；生命有苦有樂，才是人生。

成長是會痛的，因為痛，我們清醒，因為清醒，所以改變；因為改變，所以成長。一個人徹悟的程度，正好等於他所受痛苦的深度。

在你人生的道路上會受很多苦，那些苦的因緣是你的，你要去承擔，才能走出自己的路。走錯了，就當是在看風景；多走了，回憶裡就有更多風景。

將臉朝向太陽，影子就會落在後頭——你只要勇敢迎風向前。

〔延伸閱讀〕

不是路已走到盡頭，而是該轉彎了

作者：何權峰
定價：二二〇元

你可曾注意過關在屋子裡的蒼蠅？牠會立刻去找尋光亮，因而不斷往窗戶衝，一次又一次地撞擊玻璃，往往可以撞上好幾個鐘頭。可是這樣有用嗎？不，就算碰破頭也沒用，牠需要的是轉個方向。

這個週末因頸椎問題復發，肩臂酸痛不已，只好放棄早晨例行的運動，到書桌前打字，想了又想，也沒寫出幾個字來。整個人彷彿當機似的，就這樣停擺在那裡。你也許會想，我幹嘛不放下心來好好休息，何必如此折磨自己？然而就像一次又一次撞擊玻璃的蒼蠅，人一旦執迷於某個問題，很容易鑽牛角尖，想不開，就看不到其他的出路。我當時就是這樣。只是感受到身體的不適，完全無視雨後陽光燦爛的窗外，也無心聆聽音樂柔美的旋律。

直到一通朋友打來的電話。他告訴我，在某處看到一個很特別的柴燒落灰陶，問我是否有興趣去看？我聽了既驚又喜，他怎麼知道我喜歡落灰陶，而且還特別費心注意。不說二話，我決定立刻就去看。我們度過美好的一天，至於疼痛呢？早被拋到九霄雲外了。

這樣的體驗並不新奇。當我們陷在某個困局，常常是生命應該轉彎的地方，它是來引領我們的。陸游有首詩：「山窮水盡疑無路，柳暗花明又一村。」當你處在山谷，內心陰暗，看到的人事物也都是灰暗的，等你打開整個視野，你就會明白，你就會笑。

當然，這個道理也可以套用在生活中的其他事情上。像人與人的紛爭、情緒的起落、感情的分合、生命的無常……有時你會覺得事實很難改變，但有時只要轉個念頭，馬上就海闊天空。山窮水盡，其實正是柳暗花明之際；當事情看起來似乎無路可走的時候，新轉機往往乍然顯現。沒錯，生活中總有挫折、不如意，那不是盡頭，而是提醒你該轉彎了。

高寶書版集團
gobooks.com.tw

HL 049
拉自己一把，這是你的人生

作　　者　何權峰
編　　輯　余純菁
排　　版　趙小芳
美術編輯　黃鳳君
出　　版　英屬維京群島商高寶國際有限公司台灣分公司
　　　　　Global Group Holdings, Ltd.
地　　址　台北市內湖區洲子街88號3樓
網　　址　gobooks.com.tw
電　　話　(02) 27992788
電　　郵　readers@gobooks.com.tw（讀者服務部）
　　　　　pr@gobooks.com.tw（公關諮詢部）
傳　　真　出版部 (02) 27990909　行銷部 (02) 27993088
郵政劃撥　19394552
戶　　名　英屬維京群島商高寶國際有限公司台灣分公司
發　　行　希代多媒體書版股份有限公司/Printed in Taiwan
初版日期　2012年11月

國家圖書館出版品預行編目(CIP)資料

拉自己一把，這是你的人生 / 何權峰著
-- 初版. -- 臺北市：高寶國際出版：
希代多媒體發行, 2012.11
面；　公分. -- (生活勵志；HL049)

ISBN 978-986-185-764-0(平裝)
1. 修身　2. 生活指導
192.1　　101019155